초급 2
익힘책

법무부 사회통

KB088836

한국어와 한국문화

국립국어원 기획
이미혜 외 집필

Hawoo Publishing Inc.

발간사

2020년 9월호 법무부 출입국·외국인 통계월보에 따르면 국내 체류 외국인은 약 210만 명으로 2010년보다 2배 가까이 증가하였습니다. 그런데 주목할 점은 체류 외국인이 양적으로 증가하였을 뿐만 아니라 이들의 유형이 결혼 이민자를 비롯하여 근로자, 유학생, 중도 입국 자녀 등으로 점차 다양해졌다는 것입니다. 이러한 변화는 다양한 언어와 문화적 배경을 가진 구성원과의 '공존'의 중요성을 한국 사회에 알리는 동시에 '소통'의 과제를 던져 준다고 생각합니다.

이에 국립국어원에서는 한국에 온 외국인들이 체계적으로 한국어를 배워 한국 사회의 일원으로 능동적으로 생활하고, 사회 구성원 간의 의사소통이 더욱 원활할 수 있도록 지원하고 있습니다. 그리고 이를 위한 교육 내용을 연구하고, 한국어 교재를 발간하고 있습니다. 이번에 발간되는 ≪사회통합프로그램(KIIP) 한국어와 한국문화≫는 이러한 노력의 결실 중 하나라 할 수 있습니다.

이번 교재 개발에는 한국어 교육 및 사회·문화 교육 전문가가 집필자와 검토자로 참여하여 한국어와 한국 문화의 전문적 내용을 체계적이면서도 친근하게 구성하였습니다. 특히 '사회통합프로그램'을 총괄하는 법무부의 협조로 현장 요구 조사와 시범 적용을 실시하여 교사와 학습자의 의견을 폭넓게 반영하기 위해 노력하였습니다. 그리고 한국어 능력 향상뿐만 아니라 문화 다양성을 고려하여 내용을 구성하였으며, 풍부한 보조 자료를 제공함으로써 교사와 학습자가 손쉽게 활용할 수 있도록 하였습니다.

본 교재는 기초편 교재 1권, 초급 교재 2권, 중급 교재 2권의 5권으로 구성되며, 이 구성에 따라 학습자용 익힘책과 교사용 지도서가 본 교재와 함께 출간됩니다. 이와 함께 학습자용 유형별 보조 자료와 기타 보조 자료를 별도로 제작하여 현장에서 손쉽게 사용할 수 있도록 제공하였습니다.

아무쪼록 이 교재가 사회통합프로그램에 참여하는 학습자들에게 한국어를 체계적이고 충실하게 익힐 수 있는 유용한 길잡이로 널리 활용되기를 바랍니다. 그래서 이 교재를 사용하는 이민자들이 한국 사회의 주체적인 구성원으로서 안정적인 생활을 영위하는 데 도움이 되기를 희망합니다.

끝으로 이 교재의 개발을 위해 최선의 노력을 기울여 주신 교재 개발진과 출판사 관계자 분들께 깊은 감사의 말씀을 드립니다.

2020년 12월
국립국어원장 소강춘

국내 체류 외국인의 수가 100만 명을 넘은 2007년을 기점으로 한국 사회는 다문화 사회의 도래를 대비하기 위해 제도적 준비를 해 왔습니다. 그중 이민 초기 정착 단계의 필수적인 지원 사항인 한국어 학습은 여러 부처에서 다양한 프로그램으로 운영되었는데, 2020년부터 법무부가 주관하는 사회통합프로그램으로 표준화되었습니다. 사회통합프로그램은 국내 체류 이민자를 대상으로 하는 '한국어와 한국문화', '한국사회이해' 교육 프로그램으로, 결혼 이민자와 근로자, 유학생 등 전문 인력, 중도 입국 자녀 등이 참여합니다. 2009년에 처음 시행된 이후 점점 성장하여, 현재 약 350개의 운영 기관에서 약 6만 명의 이민자들이 교육에 참여하고 있습니다.

이민자 대상의 한국어 교육에서 사회통합프로그램의 중요성이 커지면서 교육의 체계화와 효율화, 변화하는 사회 양상의 반영 등을 위해 교재 개발 연구가 진행되었고, 그 결과물이 ≪사회통합프로그램(KIIP) 한국어와 한국문화≫ 교재입니다. 이 교재의 특징은 다음과 같습니다.

첫째, 교재와 익힘책, 교사용 지도서, 기타 보조 자료로 구성되어 있습니다. 교실 수업에서 사용할 교재 이외에 교수·학습 효율성을 높이기 위해 학습 자료 일체를 개발하였습니다.

둘째, 교재는 사회통합프로그램 단계별 100시간 수업에 맞춰 구성했는데 이민자들이 한국 사회에 정착하는 과정에서 필요한 한국어와 한국문화 내용을 선정하여 살아있는 언어문화 교육이 되도록 했습니다. 특히 변화하는 한국 사회의 모습과 특징을 교재 전체에 다양한 소재로 사용했을 뿐만 아니라, 다양한 문화 주제를 통해 이민자들이 한국 사회를 이해하고 적응하는 데 도움을 주고자 했습니다. 그리고 결혼 이민자, 근로자, 유학생 등 전문 인력, 중도 입국 자녀들을 등장인물로 하여 한국 사람들과 함께 생각과 정보를 나누고, 공감하며 생활하는 모습을 담았습니다.

셋째, 익힘책은 이민자들이 자신의 학습 속도와 능력에 맞게 학습 내용을 복습하고 보완할 수 있도록 구성하였습니다. 교사들도 교실 상황에 맞춰서 융통성 있게 활용할 수 있을 것입니다.

넷째, 교사용 지도서와 기타 보조 자료는 교사들이 수업의 핵심 내용을 명료하게 파악하고 운용하도록 안내해 줄 것입니다. 또한 교사들의 필수적인 수업 준비 시간을 단축해 주는 대신에 교실 상황에 맞는 수업 설계에 시간을 투자할 수 있도록 도와줄 것입니다.

이민자용 한국어 교재는 단지 의사소통 능력을 길러 주는 역할만이 아니라 우리 사회의 진정한 '사회통합'을 이끄는 교재여야 합니다. 이 교재를 통해 이민자들의 사회통합프로그램 참여를 확대하고 교수·학습의 효율성을 높이기를 기대합니다. 또한 이민자의 사회 적응을 돕고 진정한 사회통합으로 나아가는 데 일조하기를 기대해 봅니다.

마지막으로 우리 사회 이민자 대상 한국어 교육을 위해 의미 있는 교재 개발 사업을 기획하고 지원해 주신 국립국어원 관계자 여러분께 감사드리며, 법무부 이민통합과 관계자분들께도 감사드립니다. 그리고 다양하고 새로운 시도를 통해 멋진 교재로 완성해 주신 하우 출판사 관계자분들께도 진심으로 감사드립니다. 원고를 고치고 다듬느라 오랫동안 소중한 일상을 돌보지 못한 연구진들께도 머리 숙여 감사의 마음을 전합니다.

2020년 12월
저자 대표 이미혜

일러두기

어휘

단원의 어휘 학습을 확인하고, 문장이나 대화 속에서 어휘 사용 능력을 기르도록 다양한 연습을 제시하였다.

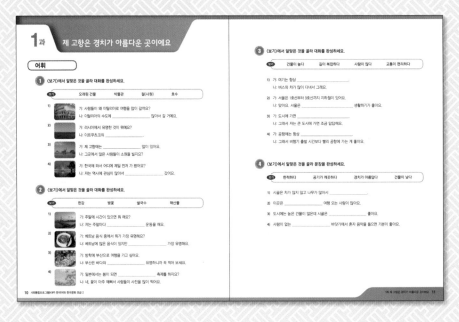

문법

단순한 형태 연습에서부터 문장, 대화 속에서 문법 사용 능력을 기르는 유의미한 연습까지 제시하였다. 교실 수업에서 문법 학습 시에 일부 활용할 것을 염두에 두고 구성하였다.

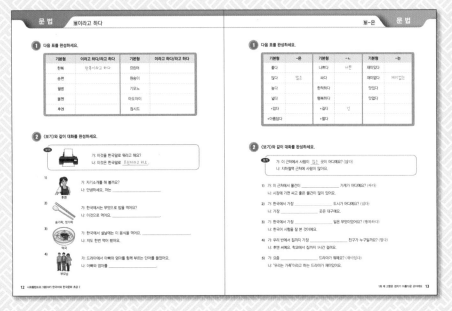

말하기와 듣기

- '말하기'는 대화문을 듣고 완성한 후에 반복해서 읽는 활동을 통해, 말하기 능력을 기르도록 하였다.

- '듣기'는 다양한 담화를 듣고 전체 내용, 세부 내용 등을 파악하는 활동으로, 교재의 듣기 활동과 유사한 유형으로 제시하였다.

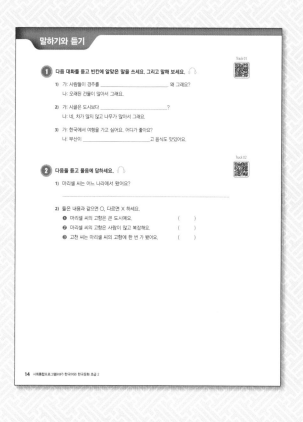

읽기와 쓰기

- '읽기'는 단원 주제와 관련된 다양한 자료를 읽고 이해하는 활동으로, 교재의 읽기 활동과 유사한 유형으로 제시하였다.

- '쓰기'는 통제된 쓰기, 유도된 쓰기로 구성하여 교사 도움 없이도 자신의 글을 모범 글과 비교하고 검토하도록 하였다.

차례

● 발간사　　　　　　　　　　　　　　　2

● 머리말　　　　　　　　　　　　　　　3

● 일러두기　　　　　　　　　　　　　　4

● 교재 구성표　　　　　　　　　　　　8

1과　제 고향은 경치가 아름다운 곳이에요　　10

2과　쓰레기는 내가 버릴게요　　16

3과　이걸로 한번 입어 보세요　　22

4과　지금 통화할 수 있어요?　　28

5과　많이 아프면 약을 드세요　　34

6과　맛있는 음식을 먹을 때 행복해요　　40

7과　집들이니까 세제나 휴지를 가져갈게요　　46

8과　9월부터 한국어 수업을 듣기로 했어요　　52

9과　근처에 자주 가는 식당이 있어요　　58

10과	시청 옆에 있는데 가까워요	64
11과	보름달을 보면서 소원을 빌어요	70
12과	실수를 자주 하는 편이에요	76
13과	소포를 보내려고 하는데요	82
14과	비자 연장 신청을 하려면 어떻게 해야 돼요?	88
15과	무역 회사에서 번역 일을 하고 있어요	94
16과	그 행사에는 가족이나 친구를 데려가도 되거든요	100
17과	잠을 푹 자면 좋겠어요	106
18과	이 수업을 신청하는 게 어때요?	112

● 모범 답안	118
● 말하기와 듣기 지문	132

교재 구성표

단원	단원명	주제	어휘	문법
1	제 고향은 경치가 아름다운 곳이에요	고향	고향 소개 관련 어휘	명이라고 하다 형-은
2	쓰레기는 내가 버릴게요	집안일	집안일 관련 어휘	동-을게요 동-은 다음에
3	이걸로 한번 입어 보세요	물건 사기	옷, 신발 관련 어휘	명이나 동-어 보다
4	지금 통화할 수 있어요?	전화	전화 표현	동-을 수 있다/없다 반말
5	많이 아프면 이 약을 드세요	약국	약, 증상 관련 어휘	동형-으면 동-어서(순차)
6	맛있는 음식을 먹을 때 행복해요	기분과 감정	기분, 감정 관련 어휘	동형-겠- 동형-을 때
7	집들이니까 세제나 휴지를 가져갈게요	초대와 방문	초대와 방문 어휘	동-을래요? 동형-으니까
8	9월부터 한국어 수업을 듣기로 했어요	한국어 수업	한국어 수업 신청, 한국어 과정	동-기 전에 동-기로 하다
9	근처에 자주 가는 식당이 있어요	외식	맛, 식당의 특징	동형-을 것 같다 동-는
복습 1 (1~9과)				
10	시청 옆에 있는데 가까워요	길 안내	길 안내, 교통	동형-는데 동형-기 때문에
11	보름달을 보면서 소원을 빌어요	명절	명절, 명절에 하는 일	형-게 동-으면서
12	실수를 자주 하는 편이에요	실수와 경험	감정, 실수	동-은 적이 있다 동형-는 편이다
13	소포를 보내려고 하는데요	우체국과 은행	우체국, 은행 관련 어휘	동-으려고 하다 동-어야 되다
14	비자 연장 신청을 하려면 어떻게 해야 돼요?	공공 기관	공공 기관 업무, 신청서	동-어도 되다 동-으려면
15	무역 회사에서 번역 일을 하고 있어요	직장 생활	업무 관련 어휘	동-고 있다 동-은
16	그 행사에는 가족이나 친구를 데려가도 되거든요	행사(축제)	포스터, 게시판	동-을 동형-거든요(이유)
17	잠을 푹 자면 좋겠어요	건강	건강한 생활 습관, 건강 이상 증상	동형-으면 좋겠다 명에
18	이 수업을 신청하는 게 어때요?	문화생활	문화 센터 수업, 수강 신청	동-는 게 어때요? 형-어 보이다
복습 2(10~18과)				

활동	발음	문화와 정보
고향 소개하기 고향 소개 글 읽기	깨끗하다, 한적하다, 복잡하다	한국의 유명한 도시
집안일 분담하기 집안일 부탁하기	살게요, 올게요, 돌릴게요	쓰레기 분리수거
옷 가게에서 옷 사기 사고 싶은 옷 소개하기	짧아요, 가 봤어요, 찾으세요	한국의 전통 시장
전화하기 문자 메시지 보내기	보낼 수 있어요, 통화할 수 있어요, 갈 수 없어서	한국 생활에 도움이 되는 스마트폰 앱(App)
약국에서 약 사기 아픈 친구에게 조언하는 글 쓰기	놓지, 어떻게, 좋지요	휴일지킴이 약국
기분에 대해 말하기 친구나 가족에게 이메일 쓰기	즐겁겠네요, 좋겠네요, 무슨 일	이모티콘
초대하기 이메일 답장하기	늦지 않게, 막히니까, 괜찮지만	집들이 선물
한국어 수업에 대해 이야기 나누기 한국어 과정에 대한 문자 읽기	합격하면, 듣기로 했어요, 아쉽네요	사회통합프로그램
회식 장소 정하기 맛집 소개하는 글 쓰기	매울 것 같아요, 없을 것 같아요, 못 먹을 것 같아요	한국의 배달 앱(App)
길 찾기 길 설명하는 글 쓰기	육교, 있는데, 어떻게	교통 표지판
명절에 하는 일 말하기 명절 소개하는 글 쓰기	짧게, 밝았지요, 끓여서	한국의 명절
경험과 감정 말하기 실수 경험 쓰기	물건값, 잃어버렸어요, 얇은 편이에요	한국의 '우리' 문화
우체국에서 소포 보내기 택배 신청서 쓰기	택배, 우편 번호, 옷하고	한국의 주소
출입국·외국인청 이용하기 출입국·외국인청에서 통합 신청서 쓰기	외국인 등록증, 여권, 신분증	출입국·외국인청(사무소)
업무 지시 받기 업무 관련 메일 쓰기	옮기고, 읽고, 앉고	한국 회사의 직위
행사 소식 알리기 고향 축제 소개하는 글 쓰기	걷기, 걷는 거, 걸었거든요	세계인의 날
건강에 대해 조언하기 건강한 생활 습관에 대해 글 쓰기	좋겠어요, 불규칙한 편이에요, 하지 않지만	민간요법
문화 센터 수업 조언하기 배우고 싶은 강좌에 대한 글 쓰기	어학 자격증, 행복해, 천연 비누	문화가 있는 날

어휘

1 〈보기〉에서 알맞은 것을 골라 대화를 완성하세요.

보기	오래된 건물	박물관	절(사원)	호수

1) 가: 사람들이 왜 이탈리아로 여행을 많이 갈까요?

나: 이탈리아의 수도에 _____ 많아서 갈 거예요.

2) 가: 러시아에서 유명한 것이 뭐예요?

나: 이르쿠츠크의 _____.

3) 가: 제 고향에는 _____ 많이 있어요.

나: 그곳에서 많은 사람들이 소원을 빌지요?

4) 가: 한국에 와서 어디에 제일 먼저 가 봤어요?

나: 저는 역사에 관심이 많아서 _____ 갔어요.

2 〈보기〉에서 알맞은 것을 골라 대화를 완성하세요.

보기	한강	벚꽃	쌀국수	해산물

1) 가: 주말에 시간이 있으면 뭐 해요?

나: 저는 주말마다 _____ 운동을 해요.

2) 가: 베트남 음식 중에서 뭐가 가장 유명해요?

나: 베트남에 많은 음식이 있지만 _____ 가장 유명해요.

3) 가: 방학에 부산으로 여행을 가고 싶어요.

나: 부산은 바다와 _____ 유명하니까 꼭 먹어 보세요.

4) 가: 일본에서는 봄이 되면 _____ 축제를 하지요?

나: 네, 꽃이 아주 예뻐서 사람들이 사진을 많이 찍어요.

3 〈보기〉에서 알맞은 것을 골라 대화를 완성하세요.

> 보기   건물이 높다   길이 복잡하다   사람이 많다   교통이 편리하다

1) 가: 여기는 항상 _____.

   나: 버스와 차가 많이 다녀서 그래요.

2) 가: 서울은 1호선부터 9호선까지 지하철이 있어요.

   나: 맞아요. 서울은 _____ 생활하기가 좋아요.

3) 가: 도시에 가면 _____.

   나: 그래서 저는 큰 도시에 가면 조금 답답해요.

4) 가: 공항에는 항상 _____.

   나: 그래서 비행기 출발 시간보다 빨리 공항에 가는 게 좋아요.

4 〈보기〉에서 알맞은 것을 골라 문장을 완성하세요.

> 보기   한적하다   공기가 깨끗하다   경치가 아름답다   건물이 낮다

1) 시골은 차가 많지 않고 나무가 많아서 _____.

2) 이곳은 _____ 여행 오는 사람이 많아요.

3) 도시에는 높은 건물이 많은데 시골은 _____ 좋아요.

4) 사람이 없는 _____ 바닷가에서 혼자 음악을 들으면 기분이 좋아요.

1 다음 표를 완성하세요.

기본형	이라고 하다/라고 하다	기본형	이라고 하다/라고 하다
한복	한복이라고 하다	프린터	
송편		원숭이	
월병		기모노	
볼펜		아오자이	
후엔		잠시드	

2 〈보기〉와 같이 대화를 완성하세요.

> 보기
>
>
>
> 가: 이것을 한국말로 뭐라고 해요?
> 나: 이것은 한국말로 <u>프린터라고 해요</u>.

1)

후엔

가: 자기소개를 해 볼까요?
나: 안녕하세요, 저는 _____.

2)

숟가락, 젓가락

가: 한국에서는 무엇으로 밥을 먹어요?
나: 이것으로 먹어요. _____.

3)

떡국

가: 한국에서 설날에는 이 음식을 먹어요. _____.
나: 저도 한번 먹어 봤어요.

4)

부모님

가: 드라마에서 아빠와 엄마를 함께 부르는 단어를 들었어요.
나: 아빠와 엄마를 _____.

1 다음 표를 완성하세요.

기본형	–은/ㄴ	기본형	–은/ㄴ	기본형	–는
좋다		나쁘다	나쁜	재미있다	
많다	많은	싸다		재미없다	재미없는
높다		한적하다		맛있다	
넓다		행복하다		맛없다	
★덥다		★길다	긴		
★아름답다		★멀다			

2 〈보기〉와 같이 대화를 완성하세요.

> 보기
>
> 가: 이 근처에서 사람이 <u>많은</u> 곳이 어디예요? (많다)
> 나: 지하철역 근처에 사람이 많아요.

1) 가: 이 근처에서 물건이 ＿＿＿＿＿＿＿＿＿＿＿ 가게가 어디예요? (싸다)

　　나: 시장에 가면 싸고 좋은 물건이 많이 있어요.

2) 가: 한국에서 가장 ＿＿＿＿＿＿＿＿＿＿＿ 도시가 어디예요? (덥다)

　　나: 가장 ＿＿＿＿＿＿＿＿＿＿＿ 곳은 대구예요.

3) 가: 한국에서 가장 ＿＿＿＿＿＿＿＿＿＿＿ 일은 무엇이었어요? (행복하다)

　　나: 한국어 시험을 잘 본 것이에요.

4) 가: 우리 반에서 집까지 가장 ＿＿＿＿＿＿＿＿＿＿＿ 친구가 누구일까요? (멀다)

　　나: 후엔 씨예요. 학교에서 집까지 1시간 걸려요.

5) 가: 요즘 ＿＿＿＿＿＿＿＿＿＿＿ 드라마가 뭐예요? (재미있다)

　　나: "우리는 가족"이라고 하는 드라마가 재미있어요.

Track 01

1 다음 대화를 듣고 빈칸에 알맞은 말을 쓰세요. 그리고 말해 보세요. 🎧

1) 가: 사람들이 경주를 _____. 왜 그래요?

나: 오래된 건물이 많아서 그래요.

2) 가: 시골은 도시보다 _____?

나: 네, 차가 많지 않고 나무가 많아서 그래요.

3) 가: 한국에서 여행을 가고 싶어요. 어디가 좋아요?

나: 부산이 _____고 음식도 맛있어요.

Track 02

2 다음을 듣고 물음에 답하세요. 🎧

1) 마리셀 씨는 어느 나라에서 왔어요?

_____

2) 들은 내용과 같으면 ○, 다르면 X 하세요.

❶ 마리셀 씨의 고향은 큰 도시예요. ( )

❷ 마리셀 씨의 고향은 사람이 많고 복잡해요. ( )

❸ 고천 씨는 마리셀 씨의 고향에 한 번 가 봤어요. ( )

1 다음 글을 읽고 물음에 답하세요.

> 　　한국에서 경주는 역사의 도시로 유명합니다. 오래된 건물이 많고 유명한 절도 있습니다. 그리고 큰 박물관과 여러 개의 왕의 무덤도 있습니다. 무엇보다 경주는 높은 건물이 없어서 경치가 아름답습니다. 그리고 차가 많지 않고 나무가 많아서 공기도 깨끗합니다. 그래서 자전거를 타고 구경하는 것도 좋습니다. 그리고 유명한 장소가 모두 가까워서 걸어서 구경하는 것도 좋습니다. 경주를 구경하러 한번 가 보세요.

1) 무엇에 대한 글입니까?

❶ 도시 소개　　　　　　❷ 박물관 소개　　　　　　❸ 자전거 여행 소개

2) 윗글의 내용과 같은 것을 고르세요.

❶ 경주에서 자전거를 타지 못합니다.

❷ 경주에서 유명한 장소는 조금 멉니다.

❸ 경주에는 오래된 건물이 많지 않습니다.

❹ 경주는 경치가 아름답고 공기가 깨끗한 도시입니다.

2 다음은 '고향 소개'에 대한 글입니다. 그림을 보고 〈보기〉의 표현을 사용하여 글을 완성하세요.

 보기　　　한적하다　　　물이 깨끗하다　　　공기가 깨끗하다　　　경치가 아름답다

고향 소개

　　제 고향을 소개합니다. 제 고향은 큰 도시에서 버스로 2시간 떨어진 작은 시골입니다. 제 고향은 사람이 많지 않아서 조용하고 1)＿＿＿＿＿＿ 곳입니다. 그리고 차가 많이 다니지 않아서 2)＿＿＿＿＿＿＿＿. 집 앞에는 산과 강이 있어서 3)＿＿＿＿＿＿＿＿.
집 앞에 있는 강은 4)＿＿＿＿＿＿ 물속이 다 보입니다. 저는 지금 한국에 살고 있지만 항상 고향이 그립습니다.

2과 쓰레기는 내가 버릴게요

어휘

1 〈보기〉에서 알맞은 것을 골라 대화를 완성하세요.

> **보기**   청소하다   빨래하다   요리하다

1) 가: 보통 집에서 누가 음식을 만들어요?
    나: 저와 남편이 같이 _____.

2) 가: 아이의 옷이 너무 더러워요.
    나: 그래서 매일 저녁 _____.

3) 가: 와! 집이 아주 깨끗하네요.
    나: 네. 오후에 손님이 올 거예요. 그래서 _____.

2 〈보기〉에서 알맞은 것을 골라 대화를 완성하세요.

> **보기**   책장을 정리하다   청소기를 돌리다   방을 쓸다/닦다   분리수거를 하다

1) 가: 집에 책이 많네요.
    나: 네. 책이 너무 많아서 _____.

2) 가: 청소기가 고장이 나서 일주일 동안 _____.
    나: 이따가 전자 제품 가게에 가서 새 것을 삽시다.

3) 가: 여기 방바닥에 먼지가 너무 많아요.
    나: 설거지를 끝내고 제가 _____.

4) 가: 이 아파트는 쓰레기를 어떻게 버려요?
    나: 일주일에 한 번 수요일에 _____.

3 〈보기〉에서 알맞은 것을 골라 대화를 완성하세요.

> **보기**　　빨래를 널다　　　세탁기를 돌리다　　　다림질을 하다　　　빨래를 개다

1) 가: 오늘 아이들이 축구를 해서 옷이 더러워졌어요.
　　나: 그럼 지금 _____.

2) 가: 빨래 끝났어요?
　　나: 네, 지금 끝나서 밖에 _____ 거예요.

3) 가: 내일 친구의 결혼식에 갈 거예요.
　　나: 그럼 깨끗한 옷을 입고 가세요. 셔츠는 _____는 것이 좋겠어요.

4) 가: 제가 아침에 빨래를 널었어요. 그 빨래가 다 말랐어요.
　　나: 그럼 제가 _____?

4 〈보기〉에서 알맞은 것을 골라 문장을 완성하세요.

> **보기**　　방을 치우다　　　설거지하다　　　음식을 만들다　　　쓰레기를 버리다

1) 밥을 먹고 바로 _____ 게 좋아요.

2) 우리 아이는 7살이에요. 벌써 혼자 자기의 _____.

3) 저는 남편과 집안일을 같이 해요. 보통 남편은 _____ 저는 청소기를 돌려요.

4) 저희 아파트에서는 매주 월요일에 재활용 _____.

1 다음 표를 완성하세요.

기본형	-을게요/ㄹ게요	기본형	-을게요/ㄹ게요
먹다		자다	잘게요
씻다		도와주다	
입다	입을게요	청소하다	
닦다		★만들다	만들게요
읽다		★널다	

2 〈보기〉와 같이 대화를 완성하세요.

보기

가: 쓰레기가 너무 많네요.
나: 네, 제가 빨리 <u>치울게요</u>.

1)

가: 후엔 씨는 뭐 먹을 거예요?
나: 저는 매운 음식을 잘 못 먹어서 불고기를 _____.

2)

가: 우리 반 이링 씨의 생일이에요. 누가 케이크를 사 올 거예요?
나: 우리 집 앞에 빵집이 있어요. 제가 케이크를 _____.

3)

가: 여보, 제가 이번 주말 저녁에 친구들과 약속이 있어요.
나: 알았어요. 제가 슬기에게 저녁을 _____.

4)

가: 한국어를 잘 못해서 물건을 사는 것이 어려워요.
나: 제가 _____. 같이 마트에 갑시다.

1 다음 표를 완성하세요.

기본형	–은 다음에/ㄴ 다음에	기본형	–은 다음에/ㄴ 다음에
먹다		자다	
씻다		돌리다	돌린 다음에
닦다		개다	
받다	받은 다음에	빨래하다	
읽다		★쓸다	

2 〈보기〉와 같이 대화를 완성하세요.

가: 제가 뭘 할까요?
나: 야채를 <u>씻은 다음에 잘라</u> 주세요.

씻다 → 자르다

1) 가: 한국어를 어떻게 공부해요?
　　나: _____.

책을 읽다 단어를 찾다

2) 가: 아침에 일어나서 무엇을 해요?
　　나: _____.

물을 마시다 씻다

3) 가: 집안일을 어떻게 해요?
　　나: _____.

청소기를 돌리다 걸레로 닦다

4) 가: _____.
　　나: 네, 알았어요. 바로 시작할게요.

창문을 열다 방을 쓸다

5) 가: 주말에 집에서 무엇을 해요?
　　나: _____.

밥을 먹다 낮잠을 자다

Track 03

1 다음 대화를 듣고 빈칸에 알맞은 말을 쓰세요. 그리고 말해 보세요.

1) 가: 주말마다 _____ 시간이 없어요.

나: 집안일은 정말 쉽지 않지요?

2) 가: 쓰레기장에 _____ 갈 거예요.

나: 같이 가요. 제가 도와줄게요.

3) 가: 고천 씨가 집에서 요리를 해요?

나: 아니요, 남편이 _____ 저는 설거지를 해요.

Track 04

2 다음을 듣고 물음에 답하세요.

1) 무엇을 소개하고 있어요?

_____

2) 들은 내용과 같으면 ○, 다르면 X 하세요.

❶ 요즘 사람들은 집안일을 싫어합니다. (   )

❷ 이것이 있으면 청소가 어렵지 않습니다. (   )

❸ 일주일 동안 무료로 청소기를 빌려 줍니다. (   )

1 다음 글을 읽고 물음에 답하세요.

> **'행복아파트' 주민 여러분께 알려 드립니다.**
> 1. 우리 아파트는 매주 월요일에 쓰레기 분리수거를 합니다.
> 2. 일반 쓰레기는 종량제 봉투에 넣어 주세요.
> 3. 병, 캔, 종이, 플라스틱은 분리수거를 해 주세요.
> 4. 음식 쓰레기는 종량제 봉투에 넣어서 버려 주세요.
> 5. 다른 요일에는 쓰레기 분리수거를 하지 않습니다.

1) 무엇에 대한 글입니까?

  ❶ 쓰레기 종류   ❷ 쓰레기 분리수거 방법   ❸ 쓰레기 종량제 봉투 소개

2) 윗글의 내용과 같은 것을 고르세요.

  ❶ 종이와 플라스틱은 따로 분리수거합니다.

  ❷ 쓰레기는 모두 종량제 봉투에 넣어서 버립니다.

  ❸ 이 아파트에서는 매일 쓰레기 분리수거를 합니다.

  ❹ 음식 쓰레기는 종량제 봉투에 넣지 않아도 됩니다.

2 다음은 '내 방 대청소 순서'에 대한 글입니다. 순서를 보고 글을 완성하세요.

> 책장을 정리하다 → 방을 쓸다 → 방을 닦다 → 버릴 쓰레기를 넣다 → 분리수거하다

    저는 학생입니다. 매일 학교에 가서 수업을 듣고 도서관에서 공부도 합니다. 그래서 월요일부터 금요일까지 제 방은 깨끗하지 않습니다. 그래서 주말에 대청소를 합니다.

  먼저 1) _____. 그리고 2) _____.

다음으로 3) _____ 다음에 종량제 봉투에

4) _____. 마지막으로 종이, 캔, 플라스틱을 5) _____.

이렇게 대청소가 끝나면 제 방은 깨끗한 방이 됩니다. 기분도 아주 좋습니다.

3과 이걸로 한번 입어 보세요

어휘

1 〈보기〉에서 알맞은 것을 골라 문장을 완성하세요.

보기   모자   안전모   선글라스   운동화   부츠   작업화

1) 남자는 _____고 있어요.

2) 남자는 _____고 있어요.

3) 여자는_____고 있어요.

4) 여자는 _____고 있어요.

2 〈보기〉에서 알맞은 것을 골라 대화를 완성하세요.

보기   치수가 작다   치수가 크다   치수가 잘 맞다   굽이 높다

1) 가: 손님, 무엇을 도와드릴까요?

나: 어제 이 가게에서 신발을 샀어요. 그런데 _____ 큰 것으로 바꾸고 싶어요.

2) 가: 이 옷이 어때요?

나: 아나이스 씨에게 _____고 잘 어울려요. 그걸로 사세요.

3) 가: 어제 _____ 신발을 신고 오래 걸었어요.

나: 발이 많이 아프지요? 오늘은 운동화를 신고 가세요.

4) 가: 옆집에서 아이 신발을 주셨어요. 이 신발이 어때요?

나: 지금은 _____지만 나중에 신으면 딱 맞을 거예요.

3 〈보기〉에서 알맞은 것을 골라 문장을 완성하세요.

> 보기   청바지   치마   블라우스   티셔츠   스카프   귀걸이   목걸이

1) 여자는 ＿＿＿＿＿＿＿고 있어요.

2) 여자는 ＿＿＿＿＿＿＿고 있어요.

3) 남자는 ＿＿＿＿＿＿＿고 있어요.

4) 남자는 ＿＿＿＿＿＿＿고 있어요.

4 〈보기〉에서 알맞은 것을 골라 문장을 완성하세요.

> 보기   길이가 짧다   길이가 길다   편하다   디자인이 마음에 들다

1) 날씨가 더워져서 ＿＿＿＿＿＿＿＿＿＿ 바지를 입었어요.

2) 이 원피스의 색깔과 ＿＿＿＿＿＿＿＿＿. 이걸로 사고 싶어요.

3) 여행을 가는 날에는 ＿＿＿＿＿＿＿＿＿ 옷을 입고 가는 게 좋아요.

4) 형의 바지는 ＿＿＿＿＿＿＿＿＿ 키가 작은 동생이 입지 못해요.

1 다음 표를 완성하세요.

기본형	이나/나	기본형	이나/나
산	산이나	샌들	
안경		모자	모자나
바다		장갑	
구두		버스	
지하철		운동화	

2 〈보기〉와 같이 대화를 완성하세요.

> 보기
>
> 가: 한국에서 어디로 여행을 가고 싶어요?
>
> 나: __부산이나 제주도에__ 가 보고 싶어요. (부산, 제주도)

1)

가: 오늘은 날씨가 덥네요. 무슨 음식을 먹을까요?

나: _____ 먹읍시다.

2)

가: 무슨 신발을 사고 싶어요?

나: _____ 사고 싶어요.

3)

가: 회사에 무엇을 타고 가요?

나: _____ 타고 회사에 가요.

4)

가: _____ 시간이 있어요?

나: 네, 이번 주는 약속이 없어서 모두 괜찮아요.

1　다음 표를 완성하세요.

기본형	-아 보다/어 보다	기본형	-아 보다/어 보다	기본형	-아 보다/어 보다
가다	가 보다	일하다		사다	
먹다		신다	신어 보다	말하다	
찾다		만들다		받다	
만나다		★듣다		부탁하다	부탁해 보다
공부하다		★눕다		운동하다	

2　〈보기〉와 같이 대화를 완성하세요.

> **보기**　가: 저는 이 옷이 마음에 들어요.
>
> 나: 그럼, 한번 <u>입어 보세요</u> . (입다)

1)　가: 백화점은 옷값이 너무 비싸요.

　　나: 동대문시장에 _____. 옷도 많고 가격도 싸요. (가다)

2)　가: 한국에 와서 여행을 한 번도 못 갔어요.

　　나: 그래요? 여름에 제주도를 _____. (여행하다)

3)　가: 후엔 씨는 김밥을 _____? (먹다)

　　나: 네, 맵지 않아서 자주 먹어요.

4)　가: 인터넷에서 한국 뉴스를 _____? (찾다)

　　나: 네. 저는 매일 아침 뉴스를 _____.

5)　가: 김치찌개를 _____? (만들다)

　　나: 아직 못 _____. 꼭 배우고 싶어요.

Track 05

1 다음 대화를 듣고 빈칸에 알맞은 말을 쓰세요. 그리고 말해 보세요. 🎧

1) 가: 한국 사람들은 무엇을 타고 회사에 가요?

나: _____ 타고 가요.

2) 가: 잠시드 씨가 누구예요?

나: 저기 _____은 남자예요.

3) 가: 삼계탕을 _____?

나: 네, 한국 친구 집에서 먹어 봤어요.

Track 06

2 다음을 듣고 물음에 답하세요. 🎧

1) 이것은 어떤 방송이에요?

_____

2) 들은 내용과 같으면 ○, 다르면 X 하세요.

❶ 아이는 분홍색 원피스를 입고 있습니다. (   )

❷ 아이를 2층 화장실에서 잃어버렸습니다. (   )

❸ 아이는 하얀색 운동화를 신고 있습니다. (   )

다음 글을 읽고 물음에 답하세요.

저는 이삿짐센터에서 일하고 있는 잠시드입니다. 지난주에 회사 사람들과 사진을 찍었습니다. 이 사진에는 같은 회사에서 일하고 있는 반장님과 보부르 씨가 있습니다. 반장님은 키가 큰 남자입니다. 항상 까만색 반팔 티셔츠를 입고 있고 조끼를 입으십니다. 작업화를 신고 안전모를 쓰십니다. 보부르 씨는 키가 조금 작은 남자입니다. 청바지를 자주 입고 눈이 나빠서 안경을 씁니다. 저는 요즘 날씨가 더워서 자주 모자를 쓰고 일합니다. 같이 일하고 있는 사람들이 모두 친절해서 회사 생활이 힘들지 않습니다.

1) 무엇에 대한 글입니까?

❶ 이삿짐센터 소개   ❷ 좋아하는 옷 소개   ❸ 같이 일하는 사람 소개

2) 윗글의 내용과 같은 것을 고르세요.

❶ 회사 사람들과 자주 사진을 찍습니다.

❷ 반장님은 눈이 나빠서 안경을 쓰십니다.

❸ 보부르 씨는 반팔 티셔츠를 자주 입습니다.

❹ 잠시드 씨는 요즘 자주 모자를 쓰고 일합니다.

2 **다음은 '같은 반 친구 소개'에 대한 글입니다. 그림을 보고 글을 완성하세요.**

같은 반 친구 소개

저는 후엔입니다. 같은 반에서 한국어를 공부하고 있는 친구들을 소개합니다. 라흐만 씨는 키가 큰 남자입니다. 파란색 1) _____ . 그리고 제이슨 씨는 파란색 셔츠와 갈색 2) _____ . 다음으로 안젤라 씨는 머리가 긴 여자입니다. 눈이 안 좋아서 3) _____ . 마지막으로 제 앞에 있는 사람은 이링 씨입니다. 이링 씨는 하얀색 4) _____ .

4과 지금 통화할 수 있어요?

어휘

1 〈보기〉에서 알맞은 것을 골라 대화를 완성하세요.

> **보기** 전화를 걸다 전화를 끊다 문자를 받다 문자를 지우다

1) 가: 아나이스 씨가 오늘 수업에 안 왔어요. 알랭 씨가 한번 _____.

　　나: 네, 알겠습니다.

2) 가: 모르는 번호로 메시지가 왔어요.

　　나: 모르는 번호로 메시지가 오면 _____는 게 좋아요.

3) 가: 친구가 다음 달에 결혼을 해요. 오늘 결혼식 초대 _____.

　　나: 메시지에 사진도 있어요?

4) 가: 친구에게 전화를 했는데 계속 안 받아요.

　　나: 아마 그 사람이 바쁠 거예요. 지금은 _____고 나중에 전화하세요.

2 〈보기〉에서 알맞은 것을 골라 대화를 완성하세요.

> **보기** 전화를 바꾸다 문자를 보내다 국제 전화를 하다 영상 통화를 하다

1) 가: 여보세요? 한국 무역이죠? 안젤라 씨 자리에 있습니까?

　　나: 잠시만요. _____ 드리겠습니다.

2) 가: 고향에 있는 가족들이 보고 싶으면 어떻게 해요?

　　나: _____. 얼굴을 볼 수 있어서 좋아요.

3) 가: 제이슨 씨에게 전화를 했지만 전화를 안 받아요.

　　나: 바쁜 거 아니에요? _____.

4) 가: 이링 씨 친구가 미국에서 공부하고 있어요?

　　나: 네, 그래서 친구하고 연락하고 싶으면 _____.

3 〈보기〉에서 알맞은 것을 골라 대화를 완성하세요.

> 보기　　　여보세요?　　　지금 안 계세요　　　답장이 없어요　　　통화 중이에요

1) 가: 사무실이지요? 정아라 선생님 계세요?

　　나: 죄송합니다. 수업이 있어서 _____.

2) 가: 잠시드 씨가 오늘 회사에 안 나왔어요.

　　나: 제가 아침에 메시지를 보냈지만 아직 _____.

3) 가: _____? 이링 씨의 전화 맞지요?

　　나: 네, 맞아요. 제가 이링입니다.

4) 가: 이링 씨 계세요?

　　나: 죄송합니다. 지금 다른 분과 _____.

4 〈보기〉에서 알맞은 것을 골라 문장을 완성하세요.

> 보기　　　전화 잘못 거셨어요　　　　　　　휴대 전화 배터리가 없어요
> 　　　　　전화번호가 몇 번이에요?　　　　　매너 모드로 해요/진동으로 해요

1) 후엔 씨, _____? 제가 나중에 연락할게요.

2) 지금은 통화를 길게 할 수 없어요. _____.

3) 영화가 시작되기 전에 전화기를 _____.

4) 가: 정아라 선생님 전화 맞지요?

　　나: 죄송합니다. _____.

1 다음 표를 완성하세요.

기본형	-을/ㄹ 수 있다/없다	기본형	-을/ㄹ 수 있다/없다
먹다	먹을 수 있다 먹을 수 없다	자다	
씻다		만나다	만날 수 있다 만날 수 없다
입다		도와주다	
닦다		청소하다	
읽다		★만들다	

2 〈보기〉와 같이 대화를 완성하세요.

> **보기**
> 가: 매운 음식을 <u>먹을 수 있어요</u>?
> 나: 아니요, 저는 매운 음식을 <u>먹을 수 없어요</u>.

1) 가: 한국어로 된 책을 _____? (읽다)

   나: 네, 저는 세 달 동안 한국어를 공부했어요.

2) 가: 이번 주말에 _____? (만나다)

   나: 미안해요. 이번 주말에는 약속이 있어서 _____.

3) 가: 내일 혼자 이사를 해요. _____? (도와주다)

   나: 네, _____. 몇 시에 할 거예요?

4) 가: 한국 음식을 _____? (만들다)

   나: 네, 불고기를 _____. 한국 친구한테서 배웠어요.

1 다음 표를 완성하세요.

	-아/어/해	-았/었/했어	-을/ㄹ 거야
읽다			읽을 거야
가다	가		
적다		적었어	
싸다			

	-니?	-았/었/했니?	-을/ㄹ 거니?
읽다	읽니?		
가다			
적다			
싸다		싸니?	–

	-자	-지 말자	-아/어/해	-지 마
읽다				
가다				

	이야/야	이었어/였어	이/가 아니야	이/가 아니었어
학생				
가수				

2 〈보기〉와 같이 문장을 바꾸세요.

> **보기**
> 가: 어제 어디에 갔어요?　　어제 어디에 갔어?
> 나: 서점에 갔어요.　→　서점에 갔어.

1) 가: 제 생일 파티에 올 거예요?
　 나: 아니요, 일이 있어서 못 가요.　→ _____

2) 가: 잠시드 씨, 이 우산이 잠시드 씨의 우산이에요?
　 나: 아니요, 제 우산이 아니에요.　→ _____

3) 가: 오늘은 구두를 신지 마세요.
　 나: 왜요? 무슨 일이 있어요?　→ _____

4) 가: 내일 같이 쇼핑하러 갈까요?
　 나: 그래요, 같이 갑시다.　→ _____

5) 가: 도와주셔서 감사합니다.
　 나: 네, 안녕히 가세요.　→ _____

Track 07

1 다음 대화를 듣고 빈칸에 알맞은 말을 쓰세요. 그리고 말해 보세요.

1) 가: 한국어로 _____?

나: 네, 어렵지만 보낼 수 있어요.

2) 가: 곧 공연이 시작됩니다. _____ 주세요.

나: 네, 알겠습니다.

3) 가: 여보세요? 이링 씨 전화 아니에요?

나: 아닌데요.

가: 죄송합니다. _____.

Track 08

2 다음을 듣고 물음에 답하세요.

1) 대화를 하고 있는 사람은 누구와 누구입니까?

_____

2) 들은 내용과 같으면 ○, 다르면 X 하세요.

❶ 드미트리 씨가 회사에 안 왔습니다. ( )

❷ 드미트리 씨는 항상 회사에 늦게 옵니다. ( )

❸ 안젤라 씨가 지금 드미트리 씨에게 전화할 겁니다. ( )

1 다음 글을 읽고 물음에 답하세요.

저는 지금 한국에 살고 있는 후엔이라고 합니다. 저는 한국 남자와 결혼을 한 다음에 한국에 왔습니다. 저에게는 딸도 하나 있습니다. 제 딸의 이름은 "김슬기"라고 합니다. 똑똑하고 귀여운 여자아이입니다. 착한 남편과 귀여운 딸이 있어서 한국 생활이 행복하지만 가끔 고향의 가족들이 보고 싶습니다. 그러면 고향에 있는 가족들에게 국제 전화를 합니다. 그리고 요즘에는 인터넷으로 영상 통화도 할 수 있습니다. 저는 거의 매일 가족과 영상 통화를 합니다. 가족을 직접 만날 수는 없지만 영상 통화로 가족의 얼굴을 볼 수 있어서 아주 다행이라고 생각합니다.

1) 이 사람은 가족들이 보고 싶으면 무엇을 합니까? _____

2) 윗글의 내용과 같은 것을 고르세요.
   ❶ 후엔 씨의 남편은 똑똑한 사람입니다.
   ❷ 후엔 씨의 아이는 귀여운 남자아이입니다.
   ❸ 고향에 있는 가족들을 자주 만날 수 있습니다.
   ❹ 가족들 생각이 나면 인터넷으로 전화를 합니다.

2 다음은 '부모님께 쓴 편지'입니다. 친구에게 쓰는 글로 바꾸세요.

보기

아버지, 어머니께
안녕하세요?
　저는 라민이에요. 고향에 못 간 지 벌써 6개월이 되었어요. 엄마, 아빠가 너무 보고 싶어요. 건강하게 잘 계시지요?
　저는 매일 학교에서 열심히 공부하고 있어요. 한국어 공부와 전공 공부가 어렵지만 열심히 하고 있어요. 가족들과 친구들이 많이 보고 싶어요.
　이제 곧 방학이에요. 방학이 되면 바로 고향에 갈 거예요. 만나서 같이 이야기 많이 해요. 그럼, 조금만 기다려 주세요. 또 편지 쓸게요.
　2020년 6월 10일 한국에서 아들이

친구에게
안녕?

5과 많이 아프면 약을 드세요

어휘

 1 그림에 맞는 단어를 쓰세요.

> **보기**　　열이 나다　　　　기침을 하다　　　　콧물이 나다　　　　머리가 아프다

1)

_____

2)

_____

3)

_____

4)

_____

2 그림을 보고 대화를 완성하세요.

1)

가: 어디가 아파서 오셨어요?

나: 이도 _____고, 목도 _____.

2)

가: 어디가 불편하세요?

나: 배가 _____고, 여러 번 _____.

3)

가: _____고, _____.

나: 감기에 걸렸군요.

4)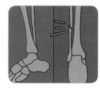

가: 다리를 많이 다쳤어요?

나: 네, 다리뼈가 _____.

3 〈보기〉에서 알맞은 것을 골라 대화를 완성하세요.

> 보기　　　감기약　　　　　두통약　　　　　해열제　　　　　소화제

1) 가: 아침부터 머리가 아파요.

　　나: 그럼, ＿＿＿＿＿＿＿＿＿＿을 드세요.

2) 가: 콧물도 나고 목도 아파요.

　　나: 아마 감기일 거예요. ＿＿＿＿＿＿＿＿＿＿을 드세요.

3) 가: 시간이 없어서 점심을 급하게 먹었어요. 지금 속이 너무 답답하네요.

　　나: 여기 ＿＿＿＿＿＿＿＿＿＿가 있어요. 빨리 드세요.

4) 가: 기침도 하고 열도 나요.

　　나: 여기 감기약과 ＿＿＿＿＿＿＿＿＿＿를 같이 드세요.

4 〈보기〉에서 알맞은 것을 골라 문장을 완성하세요.

> 보기　　연고를 바르다　　　　소독약을 바르다　　　　파스를 붙이다　　　　밴드를 붙이다

1)

어제부터 어깨가 아파서 ＿＿＿＿＿＿＿＿＿＿＿＿.

2)

요리를 하다가 손을 다쳐서 ＿＿＿＿＿＿＿＿＿＿＿＿.

3)

약을 바르기 전에 먼저 ＿＿＿＿＿＿＿＿＿＿＿＿는 게 좋겠어요.

4)

얼굴에 뭐가 자꾸 나서 ＿＿＿＿＿＿＿＿＿＿＿＿.

1 다음 표를 완성하세요.

기본형	-으면/면	기본형	-으면/면
먹다	먹으면	보다	
입다		만나다	만나면
좋다	좋으면	예쁘다	
많다		아프다	아프면
있다/없다		만들다	
★걷다		★덥다	

2 관계있는 것을 연결하고 문장을 완성하세요.

1) 이가 아프다	•	• ❶	세계 여행을 하고 싶어요.
2) 이 약을 먹다	•	• ❷	한국 회사에 취직할 거예요.
3) 돈이 많이 있다	•	• ❸	빨리 치과에 가세요.
4) 한국어를 잘하다	•	• ❹	금방 나을 거예요.

1) _____.

2) _____.

3) _____.

4) _____.

1 다음 표를 완성하세요.

기본형	–아서/어서	기본형	–아서/어서	기본형	–아서/어서
씻다	씻어서	마시다		앉다	
가다		만나다		주문하다	
만들다		전화하다		운전하다	
★듣다		보다		사다	

2 〈보기〉와 같이 문장을 완성하세요.

> 보기 　일주일에 두 번 센터에 와요. 센터에서 한국어를 공부해요.
>
> 　→ 일주일에 두 번 센터에 　와서　 한국어를 공부해요.

1) 여기에 앉으세요. 여기에서 기다리세요.

　→ 여기에 _____ 기다리세요.

2) 약국에 갔어요. 약국에서 감기약을 샀어요.

　→ 약국에 _____ 감기약을 샀어요.

3) 한국에서 사진을 많이 찍을 거예요. 그 사진을 부모님께 보낼 거예요.

　→ 한국에서 사진을 많이 _____ 부모님께 보낼 거예요.

4) 저는 아침에 일찍 일어나요. 그리고 운동을 해요.

　→ 저는 아침에 일찍 _____ 운동을 해요.

Track 09

1 다음 대화를 듣고 빈칸에 알맞은 말을 쓰세요. 그리고 말해 보세요. 🎧

1) 가: 어디가 안 좋으세요?

　　나: 머리도 아프고 ＿＿＿＿＿＿＿ 안 돼요.

2) 가: 언제부터 아팠어요?

　　나: ＿＿＿＿＿＿＿아팠어요.

3) 가: 약은 먹었어요?

　　나: 네, ＿＿＿＿＿＿＿ 소화제를 사 먹었어요.

Track 10

2 다음을 듣고 물음에 답하세요. 🎧

1) 이링 씨는 어디를 다쳤어요?

＿＿＿＿＿＿＿＿＿＿＿＿＿＿＿＿＿＿＿＿＿＿＿＿＿＿＿

2) 들은 내용과 같으면 ○, 다르면 X 하세요.

❶ 이링 씨는 넘어져서 다쳤어요.　　　　　　　(　　)

❷ 이링 씨는 다리가 부러졌어요.　　　　　　　(　　)

❸ 의사 선생님은 "약만 먹으면 돼요."라고 말했어요.　(　　)

1 다음 글을 읽고 물음에 답하세요.

처 방 전
(약국 제출용)

이름	이수민			의사
생년월일	1996년 5월 2일			김명의
약 이름	1회	1일	투약 일수	용법
xx00123 감기약	2	3	3	식후 30분
xx00456 해열제	1	2	3	식후 30분

한국병원

1) 이것을 어디에 내요?

_____

2) 윗글의 내용으로 맞지 않는 것을 고르세요.

❶ 이 약은 3일 동안 먹어요.

❷ 해열제는 하루에 2번 먹어요.

❸ 감기약은 한 번에 3알 먹어요.

❹ 약은 밥을 먹은 다음에 먹어요.

2 다음은 '선생님께 보내는 문자 메시지' 글입니다. 메모를 참고하여 글을 완성하세요.

메모

어디가 아파요?
머리가 아프다   열이 나다
기침을 하다   목이 붓다

어떻게 했어요?
병원에 가다
병원에서 진찰을 받다

병원에서 의사 선생님이
무슨 말을 했어요?
"감기약을 먹고 3일 동안 쉬세요.
그러면 나을 거예요."

선생님께 무슨 말을 하고 싶어요?
오늘은 공부하러 갈 수 없다
다음 주에 감기가 다 낫다
꼭 가다

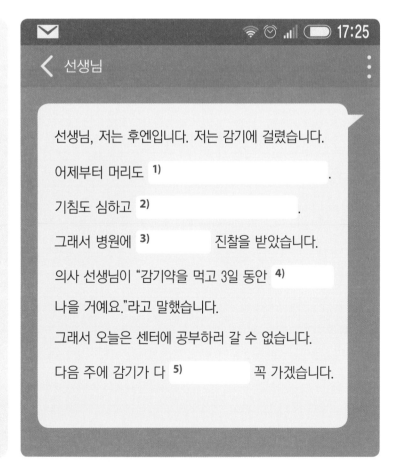

선생님, 저는 후엔입니다. 저는 감기에 걸렸습니다.

어제부터 머리도 1)_____.

기침도 심하고 2)_____.

그래서 병원에 3)_____ 진찰을 받았습니다.

의사 선생님이 "감기약을 먹고 3일 동안 4)_____

나을 거예요."라고 말했습니다.

그래서 오늘은 센터에 공부하러 갈 수 없습니다.

다음 주에 감기가 다 5)_____ 꼭 가겠습니다.

6과 맛있는 음식을 먹을 때 행복해요

어휘

 관계있는 것을 연결하세요.

1) 친구들과 생일 파티를 해요. •   • ❶ 기뻐요

2) 강아지가 죽었어요. •   • ❷ 반가워요

3) 오랜만에 고향 친구를 만났어요. •   • ❸ 슬퍼요

4) 밤이 늦었는데 동생이 집에 안 들어왔어요. •   • ❹ 걱정이 돼요

5) 시험에 합격했어요. •   • ❺ 즐거워요

2 〈보기〉에서 알맞은 것을 골라 문장을 완성하세요.

보기	외롭다	짜증나다	행복하다	답답하다

1) 한국에 아는 사람이 하나도 없어서 _____.

2) 버스에 사람이 너무 많아서 _____.

3) 뉴스를 여러 번 들었지만 이해할 수 없어서 _____.

4) 부모님과 아이들이 건강하고 남편은 승진했어요. 저도 요즘 하고 싶은 일을 하니까 정말

_____.

3 〈보기〉에서 알맞은 것을 골라 문장을 완성하세요.

> 보기　　　　외롭다　　　　　답답하다　　　　　걱정되다　　　　　기분이 안 좋다

1) 감기에 걸려서 밖에 못 나가고 집에만 있으니까 _____.

2) 한국에 와서 가족도 없고 친구도 없고 혼자 있으니까 _____.

3) 저는 다른 사람 앞에서는 떨려서 말을 잘 못 해요. 내일 면접이 _____.

4) 어제 친구와 싸워서 지금까지 말을 안 해요. _____.

4 〈보기〉에서 알맞은 것을 골라 대화를 완성하세요.

> 보기　　　　화나다　　　　　슬프다　　　　　답답하다　　　　　짜증나다

1) 가: 안젤라 씨, 얼굴이 안 좋아요. 무슨 일 있어요?
　 나: 얼마 전에 할아버지께서 돌아가셨어요. 정말 _____.

2) 가: 한국 사람이 제 말을 이해하지 못하면 너무 _____.
　 나: 맞아요. 저도 처음에는 그랬어요.

3) 가: 잠시드 씨, 기분이 안 좋아요?
　 나: 네, 친한 친구가 저한테 거짓말을 해서 _____.

4) 가: 오늘 날씨 정말 덥네요.
　 나: 맞아요. 에어컨까지 고장 나서 지금 정말 _____.

1 〈보기〉와 같이 대화를 완성하세요.

> **보기**
>
> 가: 넘어져서 다리에 피가 나요.
>
> 나: <u>아프겠어요</u> . (아프다)

1) 가: 구름이 많고 날씨가 흐리네요.

　　나: 오후에 _____. (비가 오다)

2) 가: 다음 달에 부모님이 한국에 오세요.

　　나: 오랜만에 만나서 _____. (반갑다)

3) 가: 한국어 말하기 대회에서 상을 받았어요.

　　나: 상을 받아서 _____. (기쁘다)

4) 가: 주말에 친구들과 놀이공원에 갈 거예요.

　　나: 와! 놀이공원에 가서 정말 _____. (신나다)

2 〈보기〉에서 알맞은 것을 골라 대화를 완성하세요.

> **보기**   피곤하다　　　　배고프다　　　　늦게 자다　　　　수업이 끝나다

선생님: 여보세요? 라흐만 씨지요? 오늘 무슨 일 있어요? 9시인데 아직 센터에 안 오셨네요?

라흐만: 네, 어제 야근을 했어요.

선생님: 그래요? **1)** _____. 보통 몇 시까지 일하세요?

라흐만: 저녁 6시까지 해요. 그런데 어제는 일이 많아서 밤 10시까지 했어요.

선생님: 그럼, **2)**_____.

라흐만: 네, 그래서 오늘 아침에 늦게 일어났어요.

선생님: 아침 식사는 하셨어요?

라흐만: 아니요, 아직 못 먹었어요.

선생님: **3)**_____. 빨리 아침 드세요.

라흐만: 네, 아침 먹고 빨리 센터에 가겠습니다.

선생님: 너무 늦게 오면 **4)**_____. 빨리 오세요.

1 다음 표를 완성하세요.

기본형	–을 때/ㄹ 때	기본형	–을 때/ㄹ 때
먹다	먹을 때	보다	
입다		마시다	마실 때
좋다	좋을 때	결혼하다	
많다		바쁘다	
학생이다		아프다	
★외롭다		생일이 아니다	
★듣다		★힘들다	

2 〈보기〉에서 알맞은 것을 골라 대화를 완성하세요.

> **보기**　　아프다　　　　합격했다　　　　시험을 보다　　　　시간이 있다

1) 가: 언제 가장 부모님이 보고 싶어요?

　　나: ＿＿＿＿＿＿＿＿＿＿＿ 제일 보고 싶어요.

2) 가: 중요한 ＿＿＿＿＿＿＿＿＿＿＿ 외국인 등록증을 꼭 가져가세요.

　　나: 네, 알겠습니다.

3) 가: 언제 기분이 좋았어요?

　　나: 운전면허 시험에 ＿＿＿＿＿＿＿＿＿＿＿ 기분이 좋았어요.

4) 가: 언제 여행을 갈까요?

　　나: 여름 방학에 ＿＿＿＿＿＿＿＿＿＿＿ 가요.

Track 11

1 다음 대화를 듣고 빈칸에 알맞은 말을 쓰세요. 그리고 말해 보세요. 🎧

1) 가: 후엔 씨, 무슨 일 있어요? 얼굴이 안 좋아요.

나: 아이가 감기에 걸렸는데 열이 높아서 _____.

2) 가: 약속 시간에 늦은 친구가 _____ 화가 나요.

나: 그럴 때는 저도 그래요.

3) 가: 아이가 어려서 집에만 있으면 _____.

나: 네, 그래서 저녁에 공원에 산책하러 나가요.

Track 12

2 다음을 듣고 물음에 답하세요. 🎧

1) 히토미 씨에게 무슨 일이 있어요?

_____

2) 들은 내용과 같으면 ○, 다르면 X 하세요.

❶ 히토미 씨와 아기는 모두 건강해요.　　　　　(　　　)

❷ 히토미 씨는 아기를 낳아서 기쁘고 행복해요.　(　　　)

❸ 히토미 씨는 엄마가 병원에 계셔서 걱정이 돼요.　(　　　)

1 다음 글을 읽고 물음에 답하세요.

> 202X년 2월 24일 맑음
>
> 오늘은 내 생일이다. 작년 생일에는 고향에서 친구들과 생일 파티를 했다. 친구들이 모두 모여 재미있고 신나는 하루를 보냈다. 그런데 오늘은 아침도 못 먹고 회사에 출근했다. 아무도 내 생일을 알지 못해서 축하 인사도 못 받았다. 외롭고 슬펐다.
>
> 그런데 퇴근해서 집 문을 열었을 때 갑자기 불이 켜졌다. 친구들이 촛불이 켜져 있는 케이크를 들고 있었다. 그리고 모두 함께 생일 축하 노래를 불러 주었다. 나는 친구들의 깜짝 생일 파티에 너무 행복해서 눈물이 났다. 오늘은 정말 행복한 날이었다.

1) 이 사람은 오늘 기분이 어떻게 바뀌었어요?

_____ → _____

2) 윗글의 내용과 같으면 ○, 다르면 X 하세요.

❶ 작년 생일 파티는 고향에서 했어요. (　　　)

❷ 오늘 친구들이 깜짝 생일 파티를 해 줬어요. (　　　)

❸ 이 사람은 친구들이 생일 파티 준비하는 것을 알았어요. (　　　)

2 다음은 위의 생일 파티에 대한 '친구들의 카톡'입니다. 〈보기〉의 표현을 사용하여 대화를 완성하세요.

보기

1) 행복해 하다

2) 놀러 가다

3) 외롭고 슬프다

4) 깜짝 놀라서 울다

8:53 PM   63%

안젤라: 오늘 파티 정말 즐거웠어요.^^

라민: 네, 이링 씨가 1) _____ 모습을 보니까 저도 기분이 좋았어요.

안젤라: 그런데 이링 씨의 생일을 어떻게 알았어요?

라민: 지난번에 이링 씨의 집에 2) _____ 달력을 봤어요.

안젤라: 다행이에요. 오늘 파티를 안 했으면 이링 씨 혼자서 얼마나 3) _____?

라민: 맞아요. 이링 씨가 4) _____ _____ 저도 같이 눈물이 났어요.

어휘

1 그림에 맞는 단어를 쓰고 관계있는 것을 연결하세요.

보기   휴지   세제   장난감   금반지

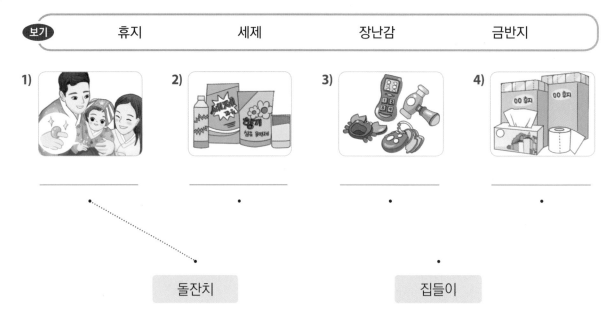

1) _____
2) _____
3) _____
4) _____

돌잔치   집들이

2 〈보기〉에서 알맞은 것을 골라 대화를 완성하세요.

보기   선물을 가져가다   손님을 맞이하다   음식을 차리다   손님을 대접하다

1) 가: 한국에서는 돌잔치에 무슨 _____?

   나: 보통 아기 옷이나 장난감을 선물해요.

2) 가: 누구를 기다리세요?

   나: 네, 오늘 집들이를 해서 _____ 나왔어요.

3) 가: 음식을 많이 준비하셨네요. 제가 좀 도와드릴까요?

   나: 그럼, _____ 것 좀 도와주세요.

4) 가: 한국에서 _____ 때 무슨 음식을 준비해요?

   나: 보통 갈비찜이나 잡채를 준비해요.

3 〈보기〉에서 알맞은 것을 골라 문장을 완성하세요.

> **보기**   노크를 하다   명함을 건네다   미리 연락하다   늦지 않게 도착하다

1) 다른 집을 방문할 때는 _____고 가는 게 좋아요.

2) 집에서 일찍 출발해서 약속 시간에 _____.

3) 다른 사람 방에 들어갈 때는 문 앞에서 먼저 _____게 좋아요.

4) 다른 회사 사람을 처음 만나면 보통 인사를 한 다음에 _____.

4 〈보기〉에서 알맞은 것을 골라 대화를 완성하세요.

> **보기**
>
> 미리 연락하다   인사를 나누다
> 늦지 않게 도착하다   약속 장소와 시간을 정하다

1) 가: 지금 가면 안 늦을까요?

    나: 아직 시간이 있으니까 아마 _____ 거예요.

2) 가: 내일 오후에 회사에서 뵙고 싶습니다.

    나: 제가 내일 오후에는 조금 바쁘니까 _____ 오세요.

3) 가: 여러분, 잠시드 씨를 소개합니다. 오늘부터 우리와 같이 일할 겁니다. 서로 _____.

    나: 어서 오세요. 만나서 반갑습니다.

4) 가: 번개 모임이 뭐예요?

    나: 미리 _____ 갑자기 만나는 것을 말해요.

1 다음 표를 완성하세요.

기본형	–을래요/ㄹ래요?	기본형	–을래요/ㄹ래요?
먹다	먹을래요?	사다	
읽다		마시다	마실래요?
찾다		청소하다	
★듣다		★만들다	

2 〈보기〉와 같이 대화를 완성하세요.

> 보기
>
> 가: 점심 같이 <u>먹을래요</u> ?
>
> 나: 네, 좋아요.

1) 가: 수업 끝나고 같이 영화 _____?

나: 미안해요. 약속이 있어요.

2) 가: 후엔 씨의 집들이 선물 사러 백화점에 같이 _____?

나: 백화점보다 가까운 마트로 가요.

3) 가: 뭐 _____?

나: 저는 시원한 커피 주세요.

4) 가: 이번 휴가 때 부산에 _____? 제주도에 _____?

나: 저는 제주도에 가고 싶어요.

1 다음 표를 완성하세요.

기본형	-으니까/니까	기본형	-으니까/니까
먹다	먹으니까	오다	
읽다		만나다	만나니까
신다		도착하다	
많다		아프다	
★듣다		피곤하다	
★덥다		★만들다	

2 관계있는 것을 연결하고 문장을 완성하세요.

1) 이번 주는 바쁘다 •   • ❶ 거기로 갈래요?

2) 눈이 와서 길이 미끄럽다 •   • ❷ 열심히 공부하세요.

3) 날씨가 많이 덥다 •   • ❸ 다음 주에 만나요.

4) 그 식당 음식이 맛있다 •   • ❹ 운전 조심하세요.

5) 내일이 시험이다 •   • ❺ 에어컨을 켜세요.

1) 이번 주는 바쁘니까 _____

2) _____

3) _____

4) _____

5) _____

1 다음 대화를 듣고 빈칸에 알맞은 말을 쓰세요. 그리고 말해 보세요. 🎧

1) 가: 약속 장소는 _____?

　　나: 회사 근처 커피숍에서 만나요.

2) 가: 생일 파티를 언제 할까요?

　　나: 토요일에는 _____ 일요일에 해요.

3) 가: 집들이 초대를 받았을 때 무슨 선물을 가져가요?

　　나: 보통 _____ 선물해요.

2 다음을 듣고 물음에 답하세요. 🎧

1) 민수 씨에 대해 맞게 써 넣으세요.

(주) _____

_____ **김민수**

📞 **HP** 　010-1234-5678

✉ **Email** 　msk120@hanguk.go.kr

2) 들은 내용과 같으면 ○, 다르면 X 하세요.

❶ 김민수 씨는 이 회사에 미리 연락을 하고 갔어요. 　　(　　)

❷ 사장실에 들어갈 때 노크를 했어요. 　　(　　)

❸ 사장님은 김민수 씨에게 명함을 건넸어요. 　　(　　)

❹ 김민수 씨와 사장님은 오늘 처음 인사를 나누었어요. 　　(　　)

50　사회통합프로그램(KIIP) 한국어와 한국문화 초급 2

1 다음은 초대장입니다. 글을 읽고 물음에 답하세요.

전예리의 '첫 번째 생일'에 초대합니다.

하나   동영상을 준비했습니다.
둘   돌잡이 행사가 있습니다.
셋   작은 선물을 준비했습니다.

꼭 참석하셔서 함께 축하해 주세요.

아빠 전하늘   엄마 신수미

• 2021년 6월 29일 토요일 오후 1시
• 명성 빌딩 3층 파티홀

1) 이것은 무슨 초대장이에요? _____

2) 윗글의 내용과 같으면 ○, 다르면 X 하세요.

❶ 아기 이름은 전예리예요.   (   )
❷ 돌잔치에서 돌잡이 행사를 할 거예요.   (   )
❸ 돌잔치는 토요일에 집에서 할 거예요.   (   )

2 다음은 '방문 예절'에 대한 글입니다. 메모를 참고하여 글을 완성하세요.

이렇게 해요	
미리 연락합니다.	늦지 않게 도착합니다.
노크를 합니다.	작은 선물을 준비합니다.

이렇게 하지 마세요.	
갑자기 방문합니다.	늦게 도착합니다.
노크를 하지 않습니다.	빈손으로 갑니다.

방문 예절

다른 사람을 방문할 때 지켜야 할 방문 예절이 몇 가지 있습니다. 같이 알아볼까요?
1) 방문할 때는 ＿＿＿＿＿＿＿. ＿＿＿＿＿＿＿ 것은 안 좋습니다.
2) 조금 일찍 출발해서 약속 시간에 ＿＿＿＿＿＿＿.
3) 도착하면 초인종을 누르거나 ＿＿＿＿＿＿＿.
4) 다른 사람의 집이나 사무실에 방문할 때는 ＿＿＿＿＿＿＿ 것이 좋습니다.
＿＿＿＿＿＿＿ 않습니다.

9월부터 한국어 수업을 듣기로 했어요

어휘

1 〈보기〉에서 알맞은 것을 골라 빈칸에 쓰세요.

보기	요일	과정명	과정 기간	과정 시간	과정 장소

1)	한국어 초급 2			
강사명	정아라	신청 기간	20XX. 08. 17.~20XX. 08. 30.	
2)	20XX. 09. 01.~20XX. 11. 11.	3)	100	
신청 인원/정원	16/20	4)	1층 소강의실 3	

과정 정보	날짜	5)	과정 시간	인정 시간
	20XX. 09. 01.	토	10:00~18:30	8시간
	20XX. 09. 08.	토	10:00~18:30	8시간
	20XX. 09. 15.	토	10:	

2 표를 보고 대화를 완성하세요.

과정명	한국어 초급 2			
강사명	이유리	신청 기간	20XX. 02. 01.~20XX. 02. 10.	
과정 기간	20XX. 02. 16.~20XX. 05. 11.	과정 시간	100	
신청 인원/정원	18/20	과정 장소	포천 외국인 센터 201호	

과정 정보	날짜	요일	과정 시간	인정 시간
	20XX. 02. 16.	화	10:00~14:00	4시간
	20XX. 02. 18.	목	10:00~14:00	4시간
	20XX. 02. 23.	화	10:00~14:00	4시간

1) 가: 과정명이 뭐예요?

나: ＿＿＿＿＿＿＿＿＿＿＿＿ 단계예요.

2) 가: 과정 기간은 언제부터 언제까지예요?

나: 2월 ＿＿＿＿＿＿＿＿＿＿＿＿.

3) 가: 신청 인원은 몇 명이에요?

나: ＿＿＿＿＿＿＿＿＿＿＿＿.

3 〈보기〉에서 알맞은 것을 골라 빈칸에 쓰세요.

> 보기   이상   단계   승급   평가   합격   재수료

	1 ~ 3 **1)**	4 단계
이수 인정 출석 기준	80시간 이상	80시간 **2)**
3)	단계 평가	중간 평가(KLCT)
4) 할 경우	다음 단계 참여 가능	다음 단계 참여 가능
불합격 ① 재응시	없음	중간 평가에 재응시하여 합격
불합격 ② **5)**	동일 단계 처음부터 재수료하면 해당 단계 이수되어 다음 단계로 승급	4단계 교육을 재수료하고 응시한 중간 평가에서 최저 점수(40점) 초과 득점 시에만 **6)**

4 〈보기〉에서 알맞은 것을 골라 대화를 완성하세요.

> 보기   출석하다   이수하다   불합격하다   재수료하다

1) 가: 2단계는 몇 시간 이상 공부하면 시험을 볼 수 있어요?

나: 80시간 이상 _____ 시험을 볼 수 있어요.

2) 가: 2단계 끝나고 단계 평가 봤지요? 시험 잘 봤어요?

나: 아니요, 58점 받아서 _____.

3) 가: 라흐만 씨, 이번 학기 끝나고 단계 평가 봐요?

나: 아니요, 저는 이번 학기에 _____ 시험 보지 않고 승급해요.

4) 가: 어떻게 하면 2단계를 _____?

나: 100시간 중에서 80% 이상 출석하고 단계 평가에서 60점 이상 받으면 돼요.

1 그림을 보고 〈보기〉와 같이 문장을 완성하세요.

보기  　<u>밥을 먹기 전에</u> 손을 씻어요.

1) _____ 표를 예약해요.

2) _____ 전화로 약속 시간을 정해요.

3) _____ 시험공부를 열심히 하세요.

4) _____ 먼저 과정 정보를 확인하세요.

2 〈보기〉와 같이 대화를 완성하세요.

 　가: 한국에 와서 한국어를 배웠어요?

나: 아니요, <u>한국에 오기 전에</u> 고향에서 배웠어요.

1) 가: 이 약은 언제 먹어요?

나: 이 약은 꼭 _____ 드세요.

2) 가: 10분 후에 수업 시작이에요. 커피 한 잔 하실래요?

나: 좋아요. _____ 한 잔 마셔요.

3) 가: 외국 여행을 가고 싶어요. 무엇을 준비해요?

나: _____ 여권을 만드세요.

4) 가: 모두 탔으니까 이제 출발할까요?

나: 네, _____ 모두 안전벨트를 매 주세요.

1 그림을 보고 〈보기〉와 같이 대화를 완성하세요.

보기
가: 언제 가족과 고향에 가요?
나: 6월 3일에 <u>가기로 했어요</u> .

1)
가: 결혼식을 언제 해요?
나: 10월 3일에 _____.

2)
가: 몇 시에 영화를 봐요?
나: 7시에 _____.

3)
가: 부산에 어떻게 가요?
나: KTX를 _____.

4)
가: 이번 달 회식은 어디에서 해요?
나: 이번에는 _____.

2 그림을 보고 〈보기〉와 같이 대화를 완성하세요.

보기
가: 주말에 뭐 할 거예요?
나: 남편과 돌잔치 선물을 <u>사러 가기로 했어요</u> .

1)
가: 내일 저녁에 약속 있어요?
나: 네, 고향 친구들과 _____.

2)
가: 금요일에 어디 가요?
나: 학교 운동장에서 동료들과 _____.

3)
가: 이번 휴가 때 뭐 할 거예요?
나: 가족들과 제주도에 _____.

4)
가: 2단계 수업 끝나면 바로 3단계에서 공부할 거예요?
나: 아니요, 회사 일이 바빠서 다음 학기에는 _____.

Track 15

1 다음 대화를 듣고 빈칸에 알맞은 말을 쓰세요. 그리고 말해 보세요.

1) 가: 여러분은 무슨 수업을 들어요?

　나: 사회통합프로그램 _____ 들어요.

2) 가: 한국에 _____ 무슨 일을 했어요?

　나: 고향에서 무역 회사에 다녔어요.

3) 가: 주말에 무슨 약속이 있어요?

　나: 가족들하고 _____.

Track 16

2 다음을 듣고 물음에 답하세요.

1) 이 사람은 누구에게 전화했어요?

_____

2) 들은 내용과 같으면 ○, 다르면 X 하세요.

❶ 이 사람은 2단계 단계 평가에 합격했어요. 　　　　(　　)

❷ 이 사람은 3단계도 이곳에서 공부할 거예요. 　　　(　　)

❸ 선생님이 3단계 과정 신청을 해 줄 거예요. 　　　(　　)

1 다음 글을 읽고 물음에 답하세요.

마이 페이지

사회통합프로그램

상태	이수 중	현재 과정 단계	2단계
운영 기관	미지정	사무소	양주출입국·외국인청

※ 사전 평가 응시자 중 구술 시험 3점 미만자는 평가 점수에 상관없이 0단계로 배정됩니다.

사전 평가
- 평가 상태: 평가 완료
- 평가 일자: 20XX. 07. 25.
- 평가 점수/결과: 15점/1단계
- ※ 평가 결과 발표일 16시에 점수 및 합격 여부가 확정됩니다.

0단계 기초
- 이수 시간:
- 운영 기관:
- 이수 기간:
- 평가 결과:

1단계 초급 1
- 이수 상태: 과정 이수 [상세]
- 이수 시간: 82.00/100(71점)
- 운영 기관: 포천다문화센터
- 이수 기간: 20XX. 02. 15.~20XX. 05. 21.

2단계 초급 2
- 이수 상태: 과정 중 [상세]
- 이수 시간: 35/100(점)
- 운영 기관: 포천다문화센터
- 이수 기간: 20XX. 08. 10.~20XX. 11. 10.

1) 이 사람은 지금 몇 단계에서 공부하고 있어요? _____

2) 윗글의 내용과 같으면 ○, 다르면 X 하세요.

❶ 이 사람은 0단계부터 공부를 시작했어요. ( )

❷ 이 사람은 1단계 단계 평가에서 71점을 받아서 합격했어요. ( )

❸ 이 사람은 2단계 과정에 지금까지 35시간 출석했어요. ( )

2 여러분은 지금 2단계에서 공부하고 있습니다. 그런데 1단계에서 공부하고 싶습니다. 다음 신청서를 작성하세요.

사회통합프로그램 교육 단계 하향 신청서

현재 수강 과정 정보	운영 기관명		기관 연락처	
	단계		강사명	
	과정 기간		인정 출석 시간	
	※ 교육 단계 하향 신청은 총 과정 진행 40% 이내에서만 할 수 있습니다.			

신청 단계 (※해당란에 ✓표)	단계 하향 전 단계	→	단계 하향 후 단계
	[ ] 3단계 (한국어 중급 1)	→	2단계 (한국어 초급 2)
	[ ] 2단계 (한국어 초급 2)	→	1단계 (한국어 초급 1)

단계 하향 신청 사유	

나는 위와 같이 교육 단계 하향을 신청합니다.

년   월   일

신청인 :   (서명 또는 인)

○○출입국·외국인청(사무소)장 귀하

9과 근처에 자주 가는 식당이 있어요

어휘

1 〈보기〉에서 알맞은 것을 골라 대화를 완성하세요.

> **보기** 싱겁다 달다 맵다 시다 쓰다

1) 가: 미역국이 너무 _____.

   나: 그럼 간장을 더 넣으세요.

2) 가: 비빔밥에 고추장을 한 숟가락 넣을까요?

   나: 한 숟가락을 넣으면 너무 _____. 반 숟가락만 넣으세요.

3) 가: 임신한 다음부터 _____ 음식을 많이 먹어요.

   나: 저도 그랬어요. 물에도 꼭 레몬을 넣어서 먹었어요.

4) 가: 수지 씨는 초콜릿을 안 먹어요?

   나: 네, 안 먹어요. 저는 _____ 음식을 안 좋아해요.

2 〈보기〉에서 알맞은 것을 골라 대화를 완성하세요.

> **보기** 짭짤하다 달콤하다 국물이 시원하다 조미료가 들어가다

1) 가: 여보, 지수 생일 선물 준비했지요?

   나: 네, 그리고 지수가 좋아하는 _____ 초콜릿도 함께 준비했어요.

2) 가: 라흐만 씨 아이들은 어떤 과자를 좋아해요?

   나: 큰아이는 _____ 감자칩을 좋아하고 작은아이는 달콤한 초코 과자를 좋아해요.

3) 가: 한국 사람들은 술을 마신 다음 날에 어떤 음식을 먹어요?

   나: 보통 _____ 음식을 먹어요.

4) 가: 고천 씨, 이 미역국에 뭐가 들어갔어요? 국물이 정말 시원해요.

   나: 새우 맛 _____.

3 〈보기〉에서 알맞은 것을 골라 대화를 완성하세요.

> 보기   줄을 서다   양이 많다   자리가 없다   밑반찬이 많이 나오다

1) 가: 세 명이니까 3인분 주문할까요?

   나: 이 집은 _____ 2인분만 주문해요.

2) 가: 이 식당은 매일 이렇게 손님이 많아요?

   나: 맛집으로 유명해서 _____ 기다려야 먹을 수 있어요.

3) 가: 이 식당은 양도 많고 반찬도 많이 주는 것 같아요.

   나: 네, 특히 _____.

4) 가: 점심시간에는 손님이 많아서 그 식당에 들어갈 수가 없어요.

   나: 맞아요. 12시부터 1시까지는 전혀 _____.

4 〈보기〉에서 알맞은 것을 골라 문장을 완성하세요.

> 보기   서비스가 좋다   칸막이가 있다   분위기가 좋다   맛집으로 유명하다

1) 이 커피숍은 언제나 조용한 음악을 틀어 줘서 _____.

2) 이 커피숍은 테이블마다 _____ 조용하게 이야기할 수 있어요.

3) 이 식당은 점심시간에 3인분 이상 주문하면 음료수를 무료로 줘요. _____.

4) 이 식당은 텔레비전에도 소개된 _____ 곳이에요.

1 다음 표를 완성하세요.

기본형	-을 것 같다/ㄹ 것 같다	기본형	-을 것 같다/ㄹ 것 같다
먹다	먹을 것 같다	오다	
읽다		만나다	만날 것 같다
많다	많을 것 같다	피곤하다	
★듣다		학생이다	
★맵다		★만들다	

2 〈보기〉와 같이 대화를 완성하세요.

보기
　　가: 날씨가 많이 흐리네요.
　　나: 네, 곧 비가 _올 것 같아요_ .

1) 가: 이번 여름에 고향에 갈 거예요?

　　나: 아니요, 이번 여름에는 바빠서 _____.

2) 가: 선생님, 길이 막혀서 수업에 _____.

　　나: 알겠어요. 조심히 오세요.

3) 가: 제이슨 씨 생일 선물로 뭐가 좋을까요?

　　나: 양복을 자주 입으니까 넥타이가 _____.

4) 가: 안젤라 씨는 일 년 후에 뭘 할 것 같아요?

　　나: 한국에서 회사에 _____.

1 그림을 보고 문장을 완성하세요.

1) 책을 _____ 사람이 후엔 씨예요.

2) 커피를 _____ 사람이 안젤라 씨예요.

3) 라민 씨가 _____ 것은 햄버거예요.

4) 음악을 _____ 사람이 제이슨 씨이고 _____ 사람이 라흐만 씨예요.

2 〈보기〉와 같이 대화를 완성하세요.

> 보기
> 가: 지금 <u>다니는</u> 회사 이름이 뭐예요? (다니다)
> 나: 한국 택배예요.

1) 가: 지금 노래를 _____ 가수는 누구예요? (부르다)
   나: DTS예요.

2) 가: 이링 씨가 _____ 곳은 어디예요? (살다)
   나: 제가 _____ 곳은 포천이에요.

3) 가: 선생님, 외국인 등록증을 안 가져왔어요.
   나: 외국인 등록증이 _____ 사람은 시험을 볼 수 없어요. (없다)

4) 가: 요즘 20대가 _____ 선물은 뭘까요? (좋아하다)
   나: 음, 전자 제품을 선물하면 좋아할 것 같아요.

Track 17

1 다음 대화를 듣고 빈칸에 알맞은 말을 쓰세요. 그리고 말해 보세요. 🎧

1) 가: 이링 씨 생일 파티를 어디에서 하면 좋을까요?

　나: ＿＿＿＿＿＿＿＿＿＿＿ 카페에서 하면 좋을 것 같아요.

2) 가: 삼계탕 ＿＿＿＿＿＿＿＿＿＿＿ 명동 삼계탕에 가 봤어요?

　나: 네, 지난주에 가 봤어요. 특히 국물이 시원하고 맛있었어요.

3) 가: 잠시드 씨는 점심을 주로 어디에서 먹어요?

　나: 양도 많고 ＿＿＿＿＿＿＿＿＿＿＿ 한식집에서 주로 먹어요.

Track 18

2 다음을 듣고 물음에 답하세요. 🎧

1) 이링 씨는 어떤 음식을 좋아해요?

　＿＿＿＿＿＿＿＿＿＿＿＿＿＿＿＿＿＿＿＿＿＿＿＿＿＿＿

2) 들은 내용과 같으면 ○, 다르면 X 하세요.

❶ 뷔페식당은 이링 씨 집 근처에 있어요.　　　（　　　）

❷ 뷔페식당은 음식이 다양하고 맛도 좋아요.　（　　　）

❸ 두 사람은 오늘 같이 점심을 먹을 거예요.　（　　　）

1 다음 글을 읽고 물음에 답하세요.

> 우리 집 근처에는 제가 자주 가는 냉면 집이 있습니다. 이 식당은 맛집으로 유명해서 사람들이 늘 줄을 서서 기다립니다. 이 식당은 음식 맛도 좋지만 서비스도 좋습니다. 그래서 저는 친구와 자주 냉면을 먹으러 갑니다. 보통 저는 국물이 시원한 물냉면을 먹고 친구는 매콤한 비빔냉면을 먹습니다. 냉면을 다 먹은 후에는 아이스크림을 서비스로 줍니다. 지난주에 텔레비전에 이 식당이 소개돼서 앞으로 손님이 더 많을 것 같습니다.

1) 무엇에 대한 글입니까?

❶ 인기 있는 냉면 소개 　　❷ 자주 가는 식당 소개 　　❸ 서비스가 좋은 식당 소개

2) 윗글의 내용과 같은 것을 고르세요.

❶ 비빔냉면은 국물이 시원해요.

❷ 저와 친구는 보통 같은 메뉴를 주문해요.

❸ 이 식당은 달콤한 아이스크림이 유명해요.

❹ 앞으로 식당에 사람들이 더 많이 올 것 같아요.

2 다음은 '떡볶이를 만드는 방법'입니다. 순서를 보고 글을 완성하세요.

1. 가래떡을 준비하고 어묵, 양파, 대파를 썬다.
2. 냄비에 물을 붓고 고추장, 간장, 설탕을 넣어 끓인다.
3. 물이 끓으면 떡을 넣는다.
4. 떡이 익으면 어묵과 양파를 넣고 끓인다.
5. 대파를 넣는다.
6. 먹을 때 치즈를 넣는다.

떡볶이를 ¹⁾＿＿＿＿＿＿＿＿ 방법

　　먼저 가래떡을 씻어서 준비하고 어묵, 양파, 대파를 썹니다. 그다음에 냄비에 물을 붓고 고추장과 간장, 설탕을 넣어서 끓입니다. ²⁾＿＿＿＿＿＿ 맛을 좋아하면 고추장을 더 넣고, ³⁾＿＿＿＿＿＿ 맛을 좋아하면 설탕을 더 넣습니다. 물이 끓으면 떡을 넣습니다. 떡이 ⁴⁾＿＿＿＿＿＿ 어묵과 양파를 넣고 조금 더 끓입니다. 마지막으로 불을 끄기 전에 대파를 넣습니다. 먹을 때 치즈를 넣으면 더 맛있습니다.

10과 시청 옆에 있는데 가까워요

어휘

1 〈보기〉에서 알맞은 것을 골라 대화를 완성하세요.

> **보기**   육교   신호등   버스 정류장   지하철역

1) 가: 서울식당은 맞은편에 있어요.

    나: 여기는 횡단보도가 없으니까 _____ 건널까요?

2) 가: 어디에서 만날까요?

    나: _____ 3번 출구 앞에서 만나요.

3) 가: 몇 번 버스를 타면 시장에 가지요?

    나: 센터 앞에 있는 _____ 170번 버스를 타세요.

4) 가: 슬기야, _____ 빨간불이면 길을 건너면 안 돼.

    나: 네, 초록불일 때 건너면 되지요?

2 그림을 보고 대화를 완성하세요.

1)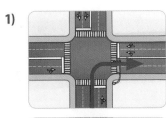

    가: 이 근처에 은행이 있어요?

    나: 네, 여기에서 _____.

2)

    가: 실례지만 한국대학교까지 어떻게 가요?

    나: 저기 사거리에서 _____
       한국대학교가 보일 거예요.

3)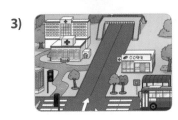

    가: 저 지금 시청 앞에서 버스 내렸어요. 병원이 어디예요?

    나: 약국이 보이지요? 병원은 약국 _____ 있어요.

3 〈보기〉에서 알맞은 것을 골라 대화를 완성하세요.

> **보기**　　　타다　　　내리다　　　갈아타다　　　요금을 내다

1) 가: 한국어 센터에 올 때 버스로 한 번에 와요?

　　나: 아니요, 시청역에서 지하철로 _____.

2) 가: 영화관까지 어떻게 갈까요?

　　나: 거기까지 가는 버스도 없고 멀지 않으니까 택시를 _____ 가요.

3) 가: 지갑을 집에 두고 온 것 같아요.

　　나: 그럼 제가 고천 씨의 버스 _____ 줄게요.

4) 가: 저기요, 이거 타면 중앙 시장에 갈 수 있어요?

　　나: 네, 한국대역에서 _____ 1번 출구로 나가세요.

4 그림을 보고 문장을 완성하세요.

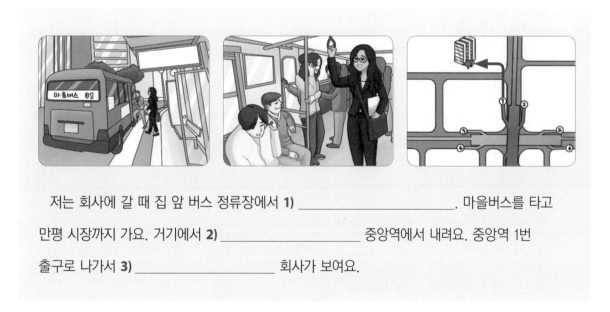

저는 회사에 갈 때 집 앞 버스 정류장에서 **1)** _____. 마을버스를 타고

만평 시장까지 가요. 거기에서 **2)** _____ 중앙역에서 내려요. 중앙역 1번

출구로 나가서 **3)** _____ 회사가 보여요.

1 다음 표를 완성하세요.

기본형	-는데	기본형	-은데/ㄴ데	기본형	-은데/ㄴ데
먹다		많다	많은데	싸다	
듣다		좋다		바쁘다	바쁜데
가다	가는데	적다		아프다	
일하다		★춥다		유명하다	
있다		★맵다		★멀다	
★만들다		★가깝다		★힘들다	

2 〈보기〉와 같이 대화를 완성하세요.

> 보기
>
> 가: 요즘 벚꽃이 __예쁜데__ 같이 구경하러 갈래요? (예쁘다)
>
> 나: 네, 좋아요.

1) 가: 가족들이 한국에 _____ 뭘 하면 좋을까요? (오다)

   나: 제주도에 놀러 가세요.

2) 가: 날씨가 _____ 에어컨 좀 켤까요? (덥다)

   나: 네, 제가 켤게요.

3) 가: 후엔 씨, 다음 주에 시험이 있지요?

   나: 네, 지금 _____ 정말 어려워요. (공부하고 있다)

4) 가: 밥 안 먹었으면 같이 먹을래요?

   나: 좋아요. 제가 맛있는 식당을 _____ 거기로 가요. (알다)

1 〈보기〉와 같이 대화를 완성하세요.

> 가: 가을인데 긴 옷이 없어요?
>
> 나: 네, 고향은 항상 <u>덥기 때문에</u> 짧은 옷만 가지고 왔어요. (덥다)

1) 가: 식당에 사람이 많네요.

나: 여기는 음식의 _____ 손님이 많아요. (재료가 신선하다)

2) 가: 퇴근 후에 보통 뭐 해요?

나: 요즘 회사 _____ 집에 가서 잠만 자요. (일이 늦게 끝나다)

3) 가: 내일 등산하러 갈래요?

나: 내일은 고향에서 _____ 공항에 가야 해요. 다음에 같이 가요. (친구가 오다)

4) 가: 그 영화 봤어요?

나: 아니요. 저는 공포 영화를 _____ 못 볼 것 같아요. (별로 안 좋아하다)

2 그림을 보고 〈보기〉와 같이 대화를 완성하세요.

> 가: 시장에 자주 가요?
>
> 나: 네, 물건도 좋고 값도 <u>싸기 때문에</u> 자주 가요.

1)

가: 지금 사는 집이 마음에 들어요?

나: 네, 주변이 _____ 살기 좋아요.

2)

가: 아픈데 편의점에 가요?

나: 네, 요즘은 편의점에서도 _____ 먼 약국까지 안 가도 돼요.

3)

가: 이링 씨, 교통비 많이 들어요?

나: 아니요, 저는 회사 근처에 _____ 교통비가 거의 안 들어요.

4)

가: 떡볶이 좋아해요?

나: 아니요, 저는 매운 음식을 _____ 별로 안 좋아해요.

Track 19

1 다음 대화를 듣고 빈칸에 알맞은 말을 쓰세요. 그리고 말해 보세요. 🎧

1) 가: 실례지만 이 근처에 편의점이 있어요?

나: 네, 정문으로 나가서 _____ 편의점이 나와요.

2) 가: 제가 잘 찾을 수 있을까요?

나: 네, 지하철역을 나가면 바로 건물이 _____ 쉽게 찾을 수 있을 거예요.

3) 가: 여기에서 얼마나 걸릴까요?

나: 중간에 다른 버스로 갈아타니까 _____.

Track 20

2 다음을 듣고 물음에 답하세요. 🎧

1) 남자는 어디에 가요?

_____

2) 그것은 어디에 있어요?

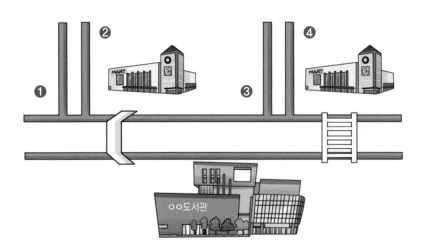

1 다음 글을 읽고 물음에 답하세요.

> 저는 주말에 친구하고 집 근처에 있는 다산 공원에 갔다 왔어요. 다산 공원에는 나무하고 꽃이 많기 때문에 저는 풍경 사진을 찍으러 친구하고 자주 가요.
>
> 다산 공원은 남문마트에서 가까워요. 남문마트 앞에서 길을 건넌 다음에 왼쪽으로 가요. 그리고 은행이 나오면 오른쪽으로 가요. 5분쯤 똑바로 가면 공원 입구가 보여요.
>
> 공원은 아주 넓은데 산책로가 잘 되어 있어서 산책하기 좋아요. 그리고 공원에 분위기 좋은 카페들도 있어서 사진 찍고 커피도 마실 수 있어요. 오늘도 공원에서 즐거운 하루를 보냈어요.

1) 다산 공원에 어떻게 가요? 가는 방법을 골라 번호를 쓰세요.

남문마트　→　　　　은행　　→　　　공원 입구
（　　）→（　　　）　（　　　）→（　　　）

❶ 오른쪽으로 가다　　❷ 왼쪽으로 가다　　❸ 길을 건너다　　❹ 앞으로 쭉 가다

2) 윗글의 내용과 같은 것을 고르세요.

❶ 다산 공원은 집에서 멀어요.　　　　❷ 다산 공원에 나무가 별로 없어요.
❸ 다산 공원에 카페가 있어요.　　　　❹ 다산 공원에 운동 기구가 있어요.

2 다음은 '우리 동네 맛집 지도'입니다. 그림을 보고 글을 완성하세요.

우리 동네에는 맛있는 식당하고 카페가 많아요. 그래서 우리 동네에는 항상 사람이 많아요.

동네 입구에서 쭉 가면 1)＿＿＿＿＿＿ 나와요. 사거리 바로 2)＿＿＿＿＿＿ 별카페가 있어요. 별카페는 주차장 3)＿＿＿＿＿＿ 있어요.

그리고 사거리에서 4)＿＿＿＿＿＿ 가면 설식당이 5)＿＿＿＿＿＿ 거기는 불고기가 아주 맛있어요. 그리고 식당 바로 6)＿＿＿＿＿＿ 카페가 있어요. 거기는 TV 에도 나온 7)＿＿＿＿＿＿ 사람들이 줄을 서서 먹어요.

동네에 사람이 많아서 복잡할 때도 있지만 맛집이 가까워서 행복해요.

11과 보름달을 보면서 소원을 빌어요

어휘

 그림에 맞는 단어를 쓰세요.

보기 성묘를 하다   차례를 지내다   연날리기   제기차기

1) _____
2) _____
3) _____
4) _____

② 〈보기〉에서 알맞은 것을 골라 대화를 완성하세요.

보기 안부를 묻다   가족이 모이다   윷놀이를 하다   고향에 내려가다

1) 가: 이번 명절에 _____ 거예요?

　 나: 네, 부모님이 계시는 광주에 가려고 해요.

2) 가: 한국에서는 명절에 친척들을 만나면 뭘 해요?

　 나: 친척들하고 _____.

3) 가: 라흐만 씨, 오랫동안 고향에 있는 가족들을 못 만났지요?

　 나: 네, 그런데 전화로 자주 _____ 괜찮아요.

4) 가: 고천 씨, 주말에 뭘 해요?

　 나: 시아버님 생신이라서 _____ 식사를 할 거예요.

3 관계있는 것을 연결하세요.

- ① 음력 1월 1일

1) 설날 •
- ② 음력 8월 15일

- ③ 차례를 지내요

2) 추석 •
- ④ 송편을 먹어요

- ⑤ 떡국을 먹어요

4 그림을 보고 대화를 완성하세요.

1)

가: 달이 정말 크네요.

나: 어서 보름달을 보고 _____.

2)

가: 한국에서는 설날에 가족들이 모이면 보통 뭘 해요?

나: 아이들은 어른들께 _____ 세뱃돈을 받아요.

3)

가: 추석에 먹는 특별한 음식이 있어요?

나: 네, 가족들이 모여서 다 같이 _____ 먹어요.

1 〈보기〉에서 알맞은 것을 골라 대화를 완성하세요.

> 보기　　　　크다　　　　싸다　　　　예쁘다　　　　신나다

1) 가: 요즘 과일이 너무 비싼 것 같아요.

　나: 시장에 가면 조금 ＿＿＿＿＿＿＿ 살 수 있어요.

2) 가: 와, 글씨를 정말 ＿＿＿＿＿＿＿ 쓰시네요.

　나: 라민 씨의 글씨도 예쁜데요, 뭘.

3) 가: 선생님, 칠판의 글씨가 너무 작은데 ＿＿＿＿＿＿＿ 써 주세요.

　나: 알겠어요. 이 정도면 괜찮지요?

4) 가: 주말에 뭘 했어요?

　나: 친구들하고 한강에 가서 ＿＿＿＿＿＿＿ 놀았어요.

2 그림을 보고 〈보기〉와 같이 대화를 완성하세요.

> 보기
>
> 가: 차린 건 없지만 <u>맛있게</u> 드세요.
>
> 나: 이렇게 많이 차렸는데 없다고요?

1)

가: 아이가 자니까 조금만 ＿＿＿＿＿＿＿ 이야기할까요?

나: 미안해요. 그렇게 할게요.

2)

가: 슬기야, 밥 먹기 전에 손을 ＿＿＿＿＿＿＿ 씻고 와.

나: 네, 알겠어요.

3)

가: 할머니, 아프지 말고 ＿＿＿＿＿＿＿ 오래오래 사세요.

나: 성민이도 밥 잘 챙겨 먹고 건강해라.

4)

가: 여보, 오늘 날씨가 추우니까 옷을 ＿＿＿＿＿＿＿ 입고 나가세요.

나: 고마워요.

1 다음 표를 완성하세요.

기본형	-으면서/면서	기본형	-으면서/면서
먹다	먹으면서	읽다	
가다		입다	
만나다		마시다	
빗다		운동하다	
받다	받으면서	빌다	
★듣다		만들다	

2 〈보기〉와 같이 대화를 완성하세요.

 가: 기분이 안 좋을 때 어떻게 해요?

나: 저는 운전하면서 노래를 불러요. (운전하다)

1) 가: 지난주에 본 영화 어땠어요?

   나: 너무 슬퍼서 _____ 영화를 봤어요. (울다)

2) 가: 카페에 들어가서 이야기할까요?

   나: 날씨도 좋은데 _____ 얘기해요. (걷다)

3) 가: 제이슨 씨, 요즘 왜 이렇게 바빠요?

   나: 제가 요즘 _____ 한국어 공부도 하고 있어서요. (일하다)

4) 가: 미안해요. 30분 늦을 것 같아요.

   나: 괜찮아요. 카페에서 책 _____ 기다릴게요. (읽다)

Track 21

1 다음 대화를 듣고 빈칸에 알맞은 말을 쓰세요. 그리고 말해 보세요.

1) 가: 이링 씨, 이번 설날 어떻게 보냈어요?

나: 저는 _____ 고향 음식을 만들어서 먹었어요.

2) 가: 추석에 한국 사람들은 뭘 해요?

나: 송편도 빚고 _____ 소원을 빌어요.

3) 가: 잠시드 씨 고향에서는 명절을 어떻게 보내요?

나: 한국하고 비슷해요. 고향에 가서 가족들하고 놀이도 하면서 _____.

Track 22

2 다음을 듣고 물음에 답하세요.

1) 두 사람은 무엇에 대해 이야기해요?

_____

2) 들은 내용과 같으면 ○, 다르면 X 하세요.

❶ 여자는 시부모님과 영화를 봤어요.   (   )

❷ 여자는 음식을 만들어서 먹었어요.   (   )

❸ 여자는 차례를 안 지냈어요.   (   )

1 다음 글을 읽고 물음에 답하세요.

> 어제는 한국에서 처음 보내는 설날이었어요. 고향에서 설날은 양력 1월 1일인데 한국은 음력 1월 1일이에요.
>
> 설날에는 회사도 쉬기 때문에 고향 친구들과 고향 음식을 먹으러 가기로 했어요. 그래서 시내에 있는 고향 음식점에 가서 오랜만에 고향 음식을 맛있게 먹었어요. 한국 사람들이 다 고향에 내려가서 시내는 차와 사람이 없어서 한산했어요. 밥을 먹은 다음에는 친구들과 쇼핑도 하고 노래방에 가서 노래도 부르면서 재밌게 보냈어요.
>
> 명절이 되기 전에는 명절에 가족과 함께하지 못하기 때문에 외로울 것 같았어요. 그렇지만 친구들과 설날을 재미있게 보내서 덜 외로운 명절이 되었어요.

1) 무엇에 대한 글이에요?

❶ 고향에서 보내는 설날   ❷ 한국에서 보내는 설날   ❸ 설날에 대한 소개

2) 윗글의 내용과 같은 것을 고르세요.

❶ 이 사람은 한국에서 오래 살았어요.

❷ 이 사람은 설날에 혼자 집에 있었어요.

❸ 이 사람은 설날에 한국 친구를 만났어요.

❹ 이 사람은 이번 설날을 생각보다 즐겁게 보냈어요.

2 다음은 '한국의 추석'에 대한 글입니다. 〈보기〉에서 알맞은 것을 골라 글을 완성하세요.

보기		
성묘를 하다	안부를 묻다	소원을 빌다
차례를 지내다	고향에 내려가다	직접 빚어서 먹다

> 추석은 한국의 대표적인 명절입니다. 이때 한국 사람들은 보통 **1)** _____.
> 고향에 가서 친척들을 만나고 서로 반갑게 **2)** _____.
>
> 한국 사람 중에는 추석날 아침에 **3)** _____ 사람도 있습니다. 그것이 끝나면 가족들과 함께 **4)** _____ 산에 가기도 합니다. 추석에는 보통 송편을 먹는데 사 먹는 사람도 있고 가족들과 함께 **5)** _____ 사람도 있습니다. 그리고 밤에 보름달이 뜨면 보름달을 보면서 **6)** _____.

12과　실수를 자주 하는 편이에요

어휘

 1 그림에 맞는 단어를 쓰세요.

보기　　당황하다　　　　속상하다　　　　창피하다

1) _____

2) _____

3) _____

2 〈보기〉에서 알맞은 것을 골라 대화를 완성하세요.

보기　　그립다　　　무섭다　　　우울하다　　　당황하다

1) 가: 안색이 안 좋아요. 무슨 일 있어요?

　　나: 별일 없는데 저는 비가 오면 기분이 조금 _____.

2) 가: 이번 달에 가족들이 한국에 오기로 했어요.

　　나: 정말 좋겠어요. 저는 가족들을 2년 동안 못 만나서 너무 _____.

3) 가: 주말에 뭐 했어요?

　　나: 어제 공포 영화를 보고 왔는데 정말 _____.

4) 가: 아까 버스에 탔을 때 지갑이 없어서 너무 _____.

　　나: 정말요? 지갑은 찾았어요?

3 〈보기〉에서 알맞은 것을 골라 대화를 완성하세요.

> 보기
>
> 사장님께 반말을 하다   한 손으로 물건을 드리다
> 신발을 신고 들어가다   한국 사람 이야기를 못 알아듣다

1) 가: 제이슨 씨 고향에서도 집에 들어갈 때 신발을 벗어요?

   나: 아니요, 우리 고향에서는 _____.

2) 가: 후엔 씨는 한국 사람들이 말하는 거 다 이해하지요?

   나: 아니요, 아직도 말이 빠른 사람을 만나면 _____.

3) 가: 회사에서 무슨 일 있었어요?

   나: 네, 회사에서 친구에게 하는 것처럼 _____.
      그래서 사장님께서 기분이 안 좋으셨어요.

4) 가: 한국에서는 어른께 _____ 안 돼요.

   나: 저도 알아요. 그래서 항상 윗사람에게 두 손으로 물건을 드려요.

4 〈보기〉에서 알맞은 것을 골라 대화를 완성하세요.

> 보기
>
> 글자를 잘못 읽다   윗사람의 이름을 부르다
> 노약자석에 앉다   사람을 잘못 보다

1) _____ 안 돼요. 이 자리는 나이가 많거나 몸이 불편한 분이 앉는
   자리예요.

2) 식당에서 메뉴판의 _____ 이상한 메뉴를 주문했어요. 그때 정말
   창피했어요.

3) 제 고향에서는 _____ 것이 괜찮아요. 그래서 한국에 와서 어른들의
   이름을 부르는 실수를 했어요.

4) 어제 길에서 _____ 모르는 사람에게 친구 이름을 불렀어요. 그런데
   제 친구가 아니라서 정말 창피했어요.

1 다음 표를 완성하세요.

기본형	-은 적이 있다/ ㄴ 적이 있다	기본형	-은 적이 있다/ ㄴ 적이 있다
먹다	먹은 적이 있다	가다	
읽다		앉다	
배우다		입다	
보다		실수하다	
받다	받은 적이 있다	★놀다	
★듣다		★만들다	

2 그림을 보고 〈보기〉와 같이 대화를 완성하세요.

보기

가: 한국에서 등산해 봤어요?

나: 네, 전에 남편하고 설악산에 <u>간 적이 있어요</u>.

1)

가: 한국 음식 만들어 봤어요?

나: 네, 지난 추석 때 친구 집에서 송편을 _____.

2)

가: 수영할 수 있어요?

나: 네, 어렸을 때 아버지께 _____ 할 수 있어요.

3)

가: 오늘 지하철을 반대 방향에서 타서 늦었어요.

나: 저도 버스를 _____. 그때 정말 당황했어요.

4)

가: 전주에 가려고 하는데 뭘 먹으면 좋을까요?

나: 전에 비빔밥을 _____ 정말 맛있었어요. 한번 먹어 보세요.

1 다음 표를 완성하세요.

기본형	-는 편이다	기본형	-은 편이다/ㄴ 편이다	기본형	-은 편이다/ㄴ 편이다
먹다		작다	작은 편이다	싸다	
듣다		높다		바쁘다	바쁜 편이다
보다	보는 편이다	많다		건강하다	
마시다		★맵다		★멀다	
★만들다		★가깝다		★힘들다	

2 〈보기〉에서 알맞은 것을 골라 대화를 완성하세요.

| 보기 | 크다 | 먹다 | 가깝다 | 비싸다 | 연락하다 |

1) 가: 저 카페 어때요?

나: 분위기는 좋은데 가격이 다른 가게들보다 _____.

2) 가: 부모님께 자주 전화 드려요?

나: 네, 요즘 아버님이 조금 편찮으셔서 자주 _____.

3) 가: 센터에서 집까지 멀어요?

나: 아니요, _____. 버스 한 번이면 가요.

4) 가: 아침 안 먹고 왔어요?

나: 네, 저는 아침을 거의 안 _____.

5) 가: 후엔 씨 가족들은 모두 키가 커요?

나: 저는 키가 _____ 다른 가족들은 키가 좀 작아요.

1 다음 대화를 듣고 빈칸에 알맞은 말을 쓰세요. 그리고 말해 보세요.

Track 23

1) 가: 고천 씨는 한국말을 잘하는 것 같아요.

나: 아니에요. 한국 사람과 이야기할 때 _____.

2) 가: 한국하고 고향의 문화가 많이 비슷해요?

나: 아니요, 문화가 많이 달라서 _____.

3) 가: 전에 일할 때 손님한테 _____.

나: 정말요? 그때 많이 당황했겠네요.

Track 24

2 다음을 듣고 물음에 답하세요.

1) 여자는 어떤 실수를 했어요?

_____

2) 들은 내용과 같으면 ○, 다르면 X 하세요.

❶ 여자는 오늘 창피한 일이 있었어요. (   )

❷ 남자는 실수를 별로 안 하는 편이에요. (   )

❸ 남자는 반말보다 높임말을 먼저 배웠어요. (   )

1 다음 글을 읽고 물음에 답하세요.

> 한국의 지하철이나 버스에는 노약자석이 있어요. 그런데 한국에 처음 왔을 때는 노약자석에 대해 잘 몰랐어요. 버스 안에 있는 파란색, 노란색, 분홍색 의자를 보고 예쁘다고 생각했어요. 그래서 저는 제가 좋아하는 노란색 자리에 앉았어요. 그런데 어떤 할아버지께서 제 옆에 서서 계속 저를 쳐다보셨어요. 저는 그 할아버지가 제가 외국인이라서 쳐다본다고 생각했어요. 나중에 한국 친구에게 노란색 의자는 노약자석이라고 하는 이야기를 들었어요. 그 얘기를 듣고 정말 창피했어요. 그다음부터는 노약자석에 빈자리가 있어도 절대 앉지 않아요.

1) 이 사람은 어떤 문화를 몰라서 실수했어요?

_____

2) 윗글의 내용과 같은 것을 고르세요.

❶ 이 사람은 노란색을 좋아해요.
❷ 이 사람은 나이가 많은 사람이에요.
❸ 이 사람은 지금도 노약자석에 자주 앉아요.
❹ 이 사람은 처음 한국에 왔을 때부터 노약자석에 대해 알았어요.

2 다음은 '나의 실수'에 대한 글입니다. 〈보기〉에서 알맞은 것을 골라 글을 완성하세요.

> **보기**
> 한국에서 오래 살았다 　　　　　 글자를 잘못 읽다 　　　　　 당황하다
> 한국어를 잘 못하다 　　　　　 실수를 자주 하다

> 　저는 보통 **1)** _____ 아닙니다. 그런데 처음 한국에 왔을 때는
> **2)** _____ 실수를 많이 했습니다. 어느 날 식당에서 김치볶음밥을
> 주문했는데 발음이 좋지 않아서 김치찌개가 나온 것을 보고 **3)** _____
> 있습니다. 그리고 메뉴판의 **4)** _____ 이상한 메뉴를 주문할 때도
> 있었습니다. 그렇지만 지금은 한국어 실력도 많이 늘고 **5)** _____
> 때문에 이런 실수는 별로 하지 않습니다. 그래도 가끔은 실수를 했지만 재미있었던 옛날이
> 그립기도 합니다.

13과 소포를 보내려고 하는데요

어휘

1 〈보기〉에서 알맞은 것을 골라 대화를 완성하세요.

> **보기**   이엠에스(EMS)   택배   편지 봉투   우편 번호

1) 가: 여기에 받는 분 주소하고 _____ 써 주세요.

   나: 주소는 아는데 그건 잘 몰라요.

2) 가: 한국에서 고향에 물건을 보낼 때 어떻게 보내요?

   나: 빨리 보내고 싶으면 보통 _____ 보내요.

3) 가: 편지를 썼는데 _____ 없네요.

   나: 책상 서랍에 있을 거예요. 한번 찾아보세요.

4) 가: 무슨 좋은 일 있어요?

   나: 네, 오늘 오후에 _____ 올 거예요. 며칠 전에 산 옷인데 빨리 입어 보고 싶어요.

2 〈보기〉에서 알맞은 것을 골라 대화를 완성하세요.

> **보기**   주소를 쓰다   편지를 보내다   소포를 보내다   우표를 붙이다

1) 가: 어디에 받는 사람의 _____?

   나: 여기에 쓰세요.

2) 가: 시간이 늦어서 우체국 문을 닫았어요. 어떻게 하지요?

   나: 요즘은 편의점에서도 _____ 수 있어요. 편의점에 가 보세요.

3) 가: 편지 다 썼어요?

   나: 여기 편지 봉투에 _____ 다 끝나요.

4) 가: 필리핀으로 이 _____ 싶은데요. 얼마나 걸릴까요?

   나: 일반 우편으로 보내면 1주일쯤 걸리고 이엠에스(EMS)로 보내면 3일 정도 걸립니다.

3 관계있는 것을 연결하세요.

1) 입금 •　　　　　　　　　　　　　　• ❶ 돈을 찾다

2) 출금 •　　　　　　　　　　　　　　• ❷ 돈을 바꾸다

3) 송금 •　　　　　　　　　　　　　　• ❸ 돈을 보내다

4) 환전 •　　　　　　　　　　　　　　• ❹ 돈을 넣다

4 〈보기〉에서 알맞은 것을 골라 대화를 완성하세요.

> **보기**
>
> 계좌를 개설하다　　　　　　　　　　공과금을 납부하다
> ATM을 이용하다　　　　　　　　　　신용 카드를 만들다

1) 가: 밤에 갑자기 돈이 필요하면 어떻게 하지요?

　나: _____ 밤에도 돈을 찾을 수 있어요.

2) 가: 여보, 오늘이 _____ 날이에요. 오늘이 지나면 연체료가 나와요.

　나: 알고 있어요. 이따 점심시간에 은행에 갈게요.

3) 가: 월급을 어떻게 받아요?

　나: 은행에 가서 _____. 거기로 월급이 들어와요.

4) 가: 어제 카드를 잃어버렸어요. 어떻게 하지요?

　나: 은행에 가서 다시 _____ 돼요. 걱정하지 마세요.

1 다음 표를 완성하세요.

기본형	-으려고 하다/려고 하다	기본형	-으려고 하다/려고 하다
먹다		읽다	읽으려고 하다
가다	가려고 하다	찾다	
배우다		환전하다	
입다		놀다	
★듣다		만들다	

2 그림을 보고 〈보기〉와 같이 대화를 완성하세요.

가: 오늘 수업 끝나고 뭐 해요?

나: 시내에 가서 겨울옷 좀 <u>사려고 해요</u>.

1)

가: 주말에 뭐 할 거예요?

나: 요즘 피곤해서 그냥 집에서 _____.

2)

가: 연휴에 특별한 계획 있어요?

나: 오랜만에 가족하고 전주에 _____.

3)

가: 오늘부터 저녁에 공원에서 _____. 라민 씨도 같이 할래요?

나: 좋아요. 몇 시에 할 거예요?

4)

가: 이번 휴가 때 고향에 갈 거예요?

나: 이번에는 제가 가지 않고 우리 가족을 한국에 _____.

1 다음 표를 완성하세요.

기본형	-아야/어야 되다	기본형	-아야/어야 되다	기본형	-아야/어야 되다
가다		먹다		일하다	일해야 되다
만나다	만나야 되다	찾다		공부하다	
놓다		만들다		환전하다	
★쓰다		★듣다		이용하다	

2 〈보기〉에서 알맞은 것을 골라 대화를 완성하세요.

> 보기 예매하다   밥을 먹다   빨리 가다   비자가 있다   주소를 쓰다

1) 가: 이엠에스(EMS)를 보낼 때 주소를 어떻게 써요?

   나: 이엠에스(EMS)는 외국에 보내는 거니까 영어로 _____.

2) 가: 두통약이 어디에 있지요?

   나: 서랍에 있어요. 그런데 약 먹기 전에 먼저 _____.

3) 가: 외국으로 여행을 가고 싶은데 뭐가 필요해요?

   나: 나라마다 다르지만 어떤 나라는 여행 갈 때 _____.

4) 가: 오늘 돈을 좀 찾아야 돼요.

   나: 지금 3시 반이에요. 은행 문은 4시에 닫으니까 _____.

5) 가: 고향에 내려가는 기차표가 벌써 다 팔렸어요.

   나: 명절에는 기차표 구하기가 어려우니까 미리 _____.

Track 25

1 다음 대화를 듣고 빈칸에 알맞은 말을 쓰세요. 그리고 말해 보세요. 🎧

1) 가: 어떻게 오셨습니까?

나: _____. 중국 돈으로 부탁드려요.

2) 가: 고향으로 소포를 보내고 싶은데요.

나: 그러면 먼저 _____.

3) 가: 일반하고 특급이 있는데 어떤 걸로 하실 거예요?

나: _____ 특급으로 부탁드려요.

Track 26

2 다음을 듣고 물음에 답하세요. 🎧

1) 여자는 무엇을 하려고 해요?

_____

2) 들은 내용과 같으면 ○, 다르면 X 하세요.

❶ 여자는 신용 카드를 처음 만들어요.   (   )

❷ 여자는 외국인 등록증을 가지고 왔어요.   (   )

❸ 여자는 다음 주 수요일에 카드를 받을 수 있어요.   (   )

1 **다음 글을 읽고 물음에 답하세요.**

> ### 친절한 직원 박지민 씨를 칭찬해 주세요!
>
> 저는 며칠 전에 한국은행에 간 적이 있습니다. 저는 그날 부모님께 돈도 보내고 공과금도 납부해야 했습니다. 그런데 저는 지금까지 고향으로 돈을 보낸 적이 없어서 어떻게 해야 하는지 몰랐습니다. 그때 한 직원이 와서 "외국으로 돈을 보낼 땐 먼저 이 신청서를 쓰셔야 됩니다."라고 친절하게 설명해 줬습니다. 그래서 어렵지 않게 부모님께 돈을 보낼 수 있었습니다.
>
> 그렇게 ㉠_____ 저는 공과금을 납부하러 ATM으로 갔습니다. 그런데 ATM에 어려운 말이 많아서 저는 당황했습니다. 그때 조금 전에 저를 도와준 직원이 다시 와서 도움을 주었습니다. 공과금을 납부하는 것이 처음이라서 걱정됐는데 그 직원 덕분에 잘 납부할 수 있었습니다. 저는 한국에서 돈을 찾으러 은행에 가 본 적은 있지만 이렇게 복잡한 일을 하러 간 것은 처음이었습니다. 저 같은 외국인이 당황하고 있을 때 친절하게 도와준 박지민 씨에게 정말 고맙다고 말하고 싶습니다.

1) ㉠에 들어갈 알맞은 말을 고르세요.

❶ 개설한 다음에   ❷ 송금한 다음에   ❸ 입금한 다음에   ❹ 출금한 다음에

2) 윗글의 내용과 같은 것을 고르세요.

❶ 이 사람은 은행에 처음 가 봤어요.   ❷ 이 사람은 친구한테 돈을 보냈어요.

❸ 이 사람은 은행 직원을 칭찬하고 있어요.   ❹ 이 사람은 전에 공과금을 납부한 적이 있어요.

2 **다음은 국제 특급 우편(EMS) 송장입니다. 송장에 보내는 사람과 받는 사람의 정보 등을 맞게 쓰세요.**

대한민국 KOREA 우체국 KOREA POST (전화:1588-1300)	EE 422 994 809 KR	*EE 4229 94809 KR*	EMS 우체국 국제 특송

Item No. 우편물 번호

접수 년 월 일 시

Year	Monthly	Day	Hour M	도착 국가 약호
			:	

보내는 사람
- 보내는 사람 전화번호
- 이름(영문)
- 주소(영어 or 한글)
- 이메일
- 작성된 개인 정보는 사전 통관 정보 제공 국가에 전자적으로 전송됩니다. ( ) Rep. of KOREA

받는 사람
- 받는 사람 전화번호
- 이름(영문)
- 주소(영어 or 한글)
- 도시명 / 국가명 (영문) / 우편 번호 (한글)

Customs Declaration 세관 신고서		
contents 내용품명(반드시 영문으로 구체적으로 기재)	quantity 개수	Value 가격 (US $)
보험 이용 여부(음식물, 전자 제품 불가) (Shipping Insurance) ☐ Yes ☐ No	보험 가액(Insurance value)	원

Weight 중량 g	Postage 우편 요금 원	Signature 발송인 서명 (사실대로 기재하였음을 확인함)
Guarantee service 배달 보장 서비스(도착 국가 기준) Y(년) M(월) D(일)		
☐ 현금 수납 (☐감액 시 표시) ☐ 요금 후납 ☐ 익일 발송 알림 ☐ 방문 접수 수수료(원)		전화:1588-1300

14과 비자 연장 신청을 하려면 어떻게 해야 돼요?

어휘

1 관계있는 것을 연결하세요.

1) 이번에 결혼을 했어요.　　　•　　　　　•　❶ 주소 변경 신고를 하다

2) 며칠 전에 아이가 태어났어요.　•　　　　　•　❷ 증명서를 받다

3) 이번에 이곳으로 이사를 왔어요.　•　　　　　•　❸ 출생 신고를 하다

4) 회사에 서류를 내야 해요.　　　•　　　　　•　❹ 혼인 신고를 하다

2 〈보기〉에서 알맞은 것을 골라 대화를 완성하세요.

> **보기**　　건강 검진을 받다　　예방 주사를 맞다　　건강 진단서를 받다　　금연 상담을 받다

1) 가: 어디에 가요?

　　나: 보건소에 가요. 날씨가 더 추워지기 전에 독감 ＿＿＿＿＿＿＿＿＿＿＿＿＿＿.

2) 가: 남편과 보건소에 다녀왔어요? 무슨 일로 갔어요?

　　나: 남편이 담배 끊는 것을 너무 힘들어해서 ＿＿＿＿＿＿＿＿＿＿＿＿＿＿.

3) 가: 요즘 너무 피곤하고 식욕도 없는 것 같아요.

　　나: 그래요? 보건소에 가서 ＿＿＿＿＿＿＿＿＿＿＿＿＿＿. 건강이 안 좋은 곳을 알 수 있어요.

4) 가: 건강 검진 결과가 나왔어요?

　　나: 네, 오늘 보건소에 ＿＿＿＿＿＿＿＿＿＿＿＿＿＿ 갈 거예요.

3 관계있는 것을 연결하세요.

1) 체류 기간을 길게 하고 싶어요.   •   • **❶** 외국인 등록

2) 체류할 수 있는 자격을 바꾸고 싶어요.   •   • **❷** 등록증 재발급

3) 한국에 처음 왔어요. 외국인 등록증을 받고 싶어요. •   • **❸** 체류 기간 연장

4) 외국인 등록증을 잃어버렸어요. 다시 만들고 싶어요. •   • **❹** 체류 자격 변경

4 〈보기〉에서 알맞은 것을 골라 대화를 완성하세요.

| 보기 | 외국인 등록증 | 영주권 | 국적을 취득하다 | 귀화 |

1) 가: 제 동생이 한국에서 공부하기로 했어요.

　　나: 한국에 오래 있을 거예요? 그럼 출입국·외국인청에 가서 ＿＿＿＿＿＿＿＿＿ 만드세요.

2) 가: 이게 이번에 받은 주민등록증이에요?

　　나: 네, 드디어 한국 ＿＿＿＿＿＿＿＿＿.

3) 가: 출입국·외국인청에서 무슨 신청을 했어요?

　　나: 국적을 바꾸려고 ＿＿＿＿＿＿＿＿＿ 신청을 했어요.

4) 가: 비자를 연장하러 다시 고향에 다녀올 거예요?

　　나: 아니요, 이번에 ＿＿＿＿＿＿＿＿＿ 받아서 다시 갈 필요가 없어요.

1 다음 표를 완성하세요.

기본형	-아도/어도 되다	기본형	-아도/어도 되다	기본형	-아도/어도 되다
입다		가다		신청하다	
오다		주다		취소하다	취소해도 되다
먹다	먹어도 되다	만나다		연장하다	
사다		기다리다		변경하다	
★걷다		보다	봐도 되다	연락하다	
★듣다		★돕다		문의하다	

2 그림을 보고 〈보기〉와 같이 대화를 완성하세요.

보기

가: 이 옷 입어 봐도 돼요?

나: 네, 입어 보세요. 사이즈가 어떻게 되세요?

1)

가: 이것 _____?

나: 네, 드셔 보세요. 이번에 새로 나왔는데 아주 맛있어요.

2)

가: 여기 잠깐 _____?

나: 물론이죠. 아주 편안하실 겁니다.

3)

가: 이게 예쁜데 한번 _____?

나: 네, 몇 사이즈로 드릴까요?

4)

가: 이 장난감 옆집에 _____?

나: 네, 우리 아이가 다 컸으니까 옆집 아이에게 주세요.

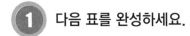

1 다음 표를 완성하세요.

기본형	-으려면/려면	기본형	-으려면/려면
먹다		가다	가려면
읽다	읽으려면	찾다	
배우다		입다	
연장하다		놀다	
★듣다		만들다	

2 〈보기〉에서 알맞은 것을 골라 대화를 완성하세요.

> 보기   여행 가다   버리다   어린이집에 보내다   인터넷 쇼핑을 하다   환전하다

1) 가: 이번 휴가 때 제주도에 가 보고 싶어요.

나: 여름에 제주도에 _____ 비행기표부터 예약하세요.

2) 가: 인터넷에서 물건을 주문하려고 해요.

나: _____ 사이트에 들어가서 먼저 회원 가입을 하세요.

3) 가: 고향 돈을 한국 돈으로 좀 바꾸려고 하는데요. 뭐가 필요하죠?

나: _____ 여권이나 외국인 등록증을 가지고 가야 돼요.

4) 가: 우리 집 침대가 오래돼서 새것을 사려고 하는데요.

나: 가구를 _____ 쓰레기 배출 스티커를 사서 붙이세요.

5) 가: 우리 아이가 어린이집에 갈 나이가 되었어요.

나: 아이를 _____ 먼저 어린이집 대기 명단에 이름을 올려야 돼요.

Track 27

1 다음 대화를 듣고 빈칸에 알맞은 말을 쓰세요. 그리고 말해 보세요. 🎧

1) 가: 비자 연장 _____ 어떻게 해야 돼요?

나: 먼저 이 신청서를 써 주십시오.

2) 가: 외국인 등록증을 _____ 뭐가 필요해요?

나: 여권을 가지고 오셔야 됩니다.

3) 가: 외국인인데 주소 변경을 하고 싶은데요.

나: 집에서 가까운 출입국·외국인청에서 _____.

Track 28

2 다음을 듣고 물음에 답하세요. 🎧

1) 남자는 오늘 무엇을 하려고 해요?

_____

2) 들은 내용과 같으면 ○, 다르면 X 하세요.

❶ 예방 접종을 하기 전에 체온을 재어 보는 것이 좋아요. ( )

❷ 아이의 체온은 병원에서 의사 선생님이 잴 거예요. ( )

❸ 아이는 주사를 맞은 후에 목욕을 하는 것이 좋아요. ( )

1 다음 글을 읽고 물음에 답하세요.

사랑스러운 아이의 예방 접종, 보건소를 이용하세요!

1. 예방 접종 순서

예진표 작성 ⟩ 체온, 체중 체크 ⟩ 의사 상담 및 진찰 ⟩ 접종 ⟩ 전산 입력 ⟩ 20~30분 이상 반응 관찰 후 귀가

2. 예방 접종 전 주의 사항

　가. 아이의 건강 상태를 가장 잘 알고 있는 보호자가 데리고 오세요.
　나. 집에서 체온을 재고 오세요.
　다. 모자 보건 수첩을 꼭 가지고 오세요.
　라. 주사를 맞은 날은 목욕을 하지 않는 것이 좋으니까 전날 목욕을 하세요.

1) 예방 접종 순서에서 접종을 하기 전에 먼저 무엇을 해야 합니까?

_____

2) 윗글의 내용과 같은 것을 고르세요.

❶ 예방 접종이 끝나면 바로 집에 가는 것이 좋아요.
❷ 예방 접종을 하기 전에 먼저 체온을 재어야 해요.
❸ 모자 보건 수첩은 꼭 가지고 오지 않아도 돼요.
❹ 예방 접종을 하기 전날 아이가 목욕을 하는 것은 좋지 않아요.

2 아이의 예방 접종을 남편에게 부탁하려고 합니다. 아래 내용을 보고 예방 접종 방법을 설명하는 메모를 써 보세요.

・오늘 맞을 예방 주사
　독감 주사

・장소
　우리 구 보건소

・준비물
　모자 보건 수첩

・주의 사항
　가. 집에서 먼저 체온을 재세요.
　나. 주사 맞기 전에 목욕을 시키고 깨끗한 옷을 입히세요.

성민 씨에게

　오늘은 민지가 독감 주사를 맞아야 해요.
예방 주사는 우리 구 보건소에서 맞을 수 있어요.
보건소에 갈 때는 ¹⁾ _____ .
그리고 주사를 맞으려면 먼저 ²⁾ _____ .
그리고 주사 맞기 전에 ³⁾ _____
_____ .

　오늘 조금 힘들겠지만 잘 부탁해요.

　　　　　　　　　　　　사랑하는 아내가

15과 무역 회사에서 번역 일을 하고 있어요

어휘

1 관계있는 것을 연결하세요.

1)

• ❶ 명함

2)

• ❷ 사원증

3)

• ❸ 복사기

4)

• ❹ 프린터

2 〈보기〉에서 알맞은 것을 골라 문장을 완성하세요.

| 보기 | 출근부 | 안전모 | 기계 | 공구 |

1) 저는 출근을 하면 먼저 _____에 제 이름을 쓰고 사인을 해요.

2) 공장에서 일을 할 때는 _____를 꼭 써야 합니다.

3) 퇴근할 때는 _____의 전원을 끄는 것을 잊지 마세요.

4) 집에 고장 난 것을 수리하려면 망치와 톱 같은 _____가 필요해요.

3 〈보기〉에서 알맞은 것을 골라 문장을 완성하세요.

| 보기 | 작성하다 | 복사하다 | 팩스로 보내다 | 번역하다 |

1) 사장님께 보고할 서류를 오늘까지 _____ 주세요.

2) 베트남에서 온 이메일을 한국어로 _____ 주세요.

3) 이 회의 자료를 10부만 _____ 주세요.

4) 이 계약서를 영국 회사에 _____ 주세요.

4 다음 문장에 알맞은 것을 고르세요.

1) 저는 공장에 출근하면 바로 기계의 전원부터 (❶ 켜요, ❷ 꺼요).

2) 바닥에 있는 물건을 차로 (❶ 올려야 해요, ❷ 내려야 해요).

3) 지게차로 물건을 (❶ 만드는, ❷ 옮기는) 일을 해요.

4) 컴퓨터로 작성한 서류를 프린터로 (❶ 복사해요, ❷ 출력해요).

1 그림을 보고 〈보기〉와 같이 문장을 완성하세요.

보기

후엔 씨가 식당에서 밥을 <u>먹고 있어요</u>.
                                  (먹다)

1) 제이슨 씨는 지금 학원에서 아이들에게 영어를 _____.
                                             (가르치다)

2) 친구와 저는 지금 시험을 _____.
                                   (보다)

3) 이링 씨는 면세점에서 물건을 _____.
                                   (판매하다)

4) 지금 카센터에서 자동차를 _____.
                                   (고치다)

2 〈보기〉와 같이 대화를 완성하세요.

보기

가: 한국에서 무슨 일을 하세요?

나: <u>가구 공장에 다니고 있어요.</u> (가구 공장에 다니다)

1) 가: 지금 어디에 살아요?

   나: 저는 _____. (회사 기숙사에 살다)

2) 가: 무역 회사에서 무슨 일을 해요?

   나: 저는 무역 회사에서 _____. (영어 번역 일을 하다)

3) 가: 후엔 씨는 직업이 뭐예요?

   나: 초등학교에서 방과 후에 _____. (베트남어를 가르치다)

4) 가: 지금 어디에 계세요?

   나: 지금 마트에서 _____. (장을 보다)

1 다음 표를 완성하세요.

기본형	–은/ㄴ	기본형	–은/ㄴ
먹다	먹은	가다	간
찍다		보내다	
찾다		만나다	만난
잡다		도착하다	
앉다		번역하다	
★듣다		★만들다	

2 〈보기〉와 같이 대화를 완성하세요.

> 보기
>
> 가: 누가 이 제품을 판매했어요?
>
> 나: 이 제품을 <u>판매한</u> 사람은 이링 씨예요. (판매하다)

1) 가: 우와! 무슨 음식이에요?

　　나: 제가 _____ 베트남 음식이에요. (만들다)

2) 가: 이 사진 언제 찍었어요?

　　나: 지난여름에 여행 가서 _____ 사진이에요. (찍다)

3) 가: 우리 반 선생님이 누구예요?

　　나: 저기 파란색 옷을 _____ 분이에요. (입다)

4) 가: 이 소포는 뭐예요?

　　나: 고향에 계신 부모님이 저에게 _____ 생일 선물이에요. (보내다)

Track 29

1 다음 대화를 듣고 빈칸에 알맞은 말을 쓰세요. 그리고 말해 보세요. 🎧

1) 가: 지금 사는 곳이 어디예요?

　　나: 저는 신촌에서 _____.

2) 가: 무슨 일을 하세요?

　　나: 저는 가구 공장에서 _____.

3) 가: 주말에 어디에 갔어요?

　　나: 제가 주말에 _____.

Track 30

2 다음을 듣고 물음에 답하세요. 🎧

1) 안젤라 씨는 지금 무슨 일을 하고 있어요?

_____

2) 들은 내용과 같으면 ○, 다르면 X 하세요.

❶ 안젤라 씨는 지금 야근을 하고 있어요. 　　　　(　　)

❷ 지금 사무실의 에어컨은 켜져 있어요. 　　　　(　　)

❸ 안젤라 씨는 지금 사장님하고 같이 퇴근할 거예요. 　(　　)

1 다음 글을 읽고 물음에 답하세요.

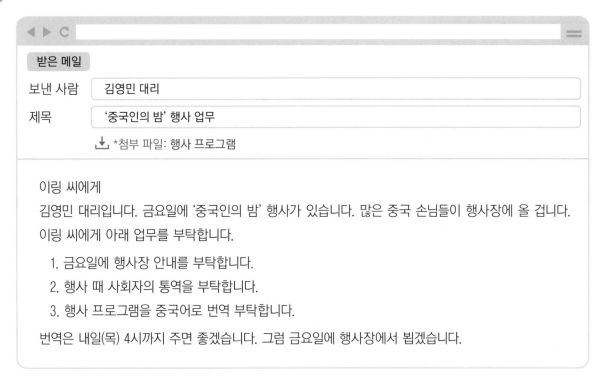

받은 메일

보낸 사람 　김영민 대리

제목 　'중국인의 밤' 행사 업무

⤓ *첨부 파일: 행사 프로그램

이링 씨에게

김영민 대리입니다. 금요일에 '중국인의 밤' 행사가 있습니다. 많은 중국 손님들이 행사장에 올 겁니다.
이링 씨에게 아래 업무를 부탁합니다.

　1. 금요일에 행사장 안내를 부탁합니다.
　2. 행사 때 사회자의 통역을 부탁합니다.
　3. 행사 프로그램을 중국어로 번역 부탁합니다.

번역은 내일(목) 4시까지 주면 좋겠습니다. 그럼 금요일에 행사장에서 뵙겠습니다.

1) 이링 씨는 중국인의 밤 행사에서 어떤 일을 해야 합니까?

❶ 판매 　　　　　　❷ 운동 　　　　　　❸ 통역 　　　　　　❹ 요리

2) 이링 씨는 번역 일을 언제까지 해야 합니까? _____

2 다음은 이링 씨의 답장입니다. 이메일을 완성하세요.

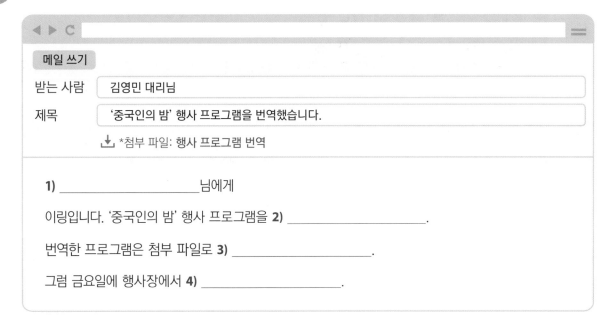

메일 쓰기

받는 사람 　김영민 대리님

제목 　'중국인의 밤' 행사 프로그램을 번역했습니다.

⤓ *첨부 파일: 행사 프로그램 번역

　1) _____님에게

이링입니다. '중국인의 밤' 행사 프로그램을 **2)** _____.

번역한 프로그램은 첨부 파일로 **3)** _____.

그럼 금요일에 행사장에서 **4)** _____.

어휘

1 〈보기〉에서 알맞은 것을 골라 빈칸에 쓰세요.

보기	장소	참가비	준비물	체험거리	대상

지구촌 한마음 걷기 축제

10월 29일(금)

09:00~14:00

1)	내·외국인
2)	무료(기념품 제공)
3)	운동화, 물
문화 공연	가수 및 댄스팀 공연
4)	컵, 부채 만들기
5)	상암동 월드컵 경기장
오시는 길	버스 571, 271, 7715, 7011, 7013, 9711번, 지하철 6호선 상암 월드컵 경기장역 1번 출구
신청 및 문의	http://togetherwalk.co.kr, 02-522-8822
주 최	서울출입국·외국인청
후 원	법무부

2 다음 문장에 알맞은 것을 고르세요.

1) 아이들과 딸기 농장에 가서 딸기잼 만들기 (❶ 체험을 했어요, ❷ 문의를 했어요).

2) 저는 고향 친구들과 함께 다문화의 날 행사에 (❶ 참가했어요, ❷ 모집했어요).

3) 원룸을 구하는 것보다 가격도 저렴하고 회사에서 가까워서 회사 기숙사를 (❶ 체험했어요, ❷ 신청했어요).

4) 궁금한 것은 언제든지 전화로 (❶ 문의하세요, ❷ 신청하세요).

3 관계있는 것을 연결하세요.

1) 잠깐 동안 물이 나오지 않아요. •　　　　　　　　　　　　•　❶ 분실물

2) 고장이 났는지 살펴보고 고장 난 곳을 고쳐요. •　　　•　❷ 단수

3) 회사 등에서 필요한 사람을 뽑아요. •　　　　　　•　❸ 점검

4) 잃어버린 물건 •　　　　　　　　　　　　　　•　❹ 채용

4 〈보기〉에서 알맞은 것을 골라 글을 빈칸에 쓰세요.

| 보기 | 근무 | 연락처 | 채용 | 모임 | 모집 |

1)

직원 [　　　] 공고

자동차 부품 공장에서 함께 일할
직원을 모집합니다.

모집 분야: 자동차 부품 조립

[　　　] 조건: 월~토 9:00~18:00

[　　　] : 010-5678-1234

2)

우리 동네 축구 동호회
회원 [　　　]

축구를 좋아하시는 회원을 모집합니다.

모집 인원: ○○명

[　　　] 시간: 토, 일 9:00~12:00

[　　　] : 010-1234-5678

1 다음 표를 완성하세요.

기본형	-을/ㄹ	기본형	-을/ㄹ
먹다	먹을	가다	갈
찍다		보내다	보낼
잡다		오다	
앉다		신청하다	
찾다		판매하다	
★듣다		★만들다	

2 〈보기〉와 같이 대화를 완성하세요.

> 보기
>
> 가: 다음 장소는 어디예요?
>
> 나: 다음 <u>관람할</u> 곳은 제주 박물관입니다. (관람하다)

1) 가: 여기는 어디예요?

나: 제가 이번에 합격해서 다음 달부터 ＿＿＿＿＿＿＿＿＿＿ 회사예요. (다니다)

2) 가: 여름휴가는 어디로 갈 거예요?

나: 베트남 고향에 ＿＿＿＿＿＿＿＿＿＿ 생각이에요. (다녀오다)

3) 가: 오늘부터 새 상품이 들어와요?

나: 네, 오늘부터 ＿＿＿＿＿＿＿＿＿＿ 상품은 화장품이에요. (판매하다)

4) 가: 부엌에서 뭐 해요?

나: 저녁 모임 때 ＿＿＿＿＿＿＿＿＿＿ 음식을 만들고 있어요. (먹다)

5) 가: 뭘 그렇게 쓰고 있어요?

나: 이따가 마트에서 ＿＿＿＿＿＿＿＿＿＿ 것들을 미리 적고 있어요. (사다)

1 〈보기〉와 같이 문장을 완성하세요.

> 보기   저는 커피를 안 마셔요. 커피를 마시면 <u>잠을 못 자거든요</u> . (잠을 못 자다)

1) 저는 노래하는 것을 좋아해요. 노래를 하면 _____. (기분이 좋다)

2) 이 우산을 가지고 가세요. 저는 다른 _____. (우산이 있다)

3) 지금은 밥 먹을 시간이 없어요. 조금 후에 _____. (중요한 회의가 있다)

4) 퇴근 후에 도서관에 가려고 해요. 내일 중요한 _____. (시험이 있다)

5) 내일은 공항에 가야 해요. 고향에서 가족들이 _____. (한국에 오다)

2 〈보기〉와 같이 대화를 완성하세요.

> 보기   가: 왜 가방을 싸고 있어요?
>
> 나: 내일 친구들하고 <u>여행을 가기로 했거든요</u> . (여행을 가기로 했다)

1) 가: 우리 반 안젤라 씨는 왜 인기가 많아요?

   나: 주변 사람들에게 친절하고 _____. (이야기를 재미있게 하다)

2) 가: 왜 야채만 먹어요?

   나: 저는 채식을 해서 _____. (고기를 안 먹다)

3) 가: 무슨 약이에요?

   나: 며칠 전에 비를 맞아서 _____. (감기에 걸렸다)

4) 가: 많이 피곤해 보여요.

   나: 어제 밤 11시까지 _____. (야근을 했다)

Track 31

1 다음 대화를 듣고 빈칸에 알맞은 말을 쓰세요. 그리고 말해 보세요. 🎧

1) 가: 주말에 시간 있으면 야구장에 같이 갈래요?

나: 좋아요. 저도 고향에 있을 때부터 _____.

2) 가: 산에 갈 때 무엇이 필요해요?

나: 산에 올라갈 때는 준비물로 _____.

3) 가: 여러 가지 수업 중에서 무슨 수업을 들을 거예요?

나: 저는 컴퓨터 수업을 _____.

Track 32

2 다음을 듣고 물음에 답하세요. 🎧

1) 두 사람은 어디에 가려고 해요?

_____

2) 들은 내용과 같으면 ○, 다르면 X 하세요.

❶ 불꽃 쇼는 낮에 잘 구경할 수 있어요. ( )

❷ 축제 장소 주변에서 음식을 살 수 있어요. ( )

❸ 갈 때 준비물로 돗자리가 있으면 좋아요. ( )

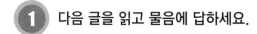

1 다음 글을 읽고 물음에 답하세요.

> 보령시는 올해 보령 머드 축제를 7월 13일부터 22일까지 개최합니다. 이번 축제는 대천 해수욕장에서 열리며 진흙을 이용한 다양한 체험을 즐길 수 있습니다. 체험거리는 머드 씨름 대회, 머드 슬라이딩, 머드 교도소, 갯벌 스키 대회 등 다양한 프로그램이 준비되어 있습니다. 머드 축제에 참여하여 게임에서 1등을 하면 머드 화장품, 호텔 숙박권 등 다양한 경품도 받을 수 있습니다.

1) 무슨 축제에 대해 소개하고 있습니까?

_____

2) 머드 축제에서 즐길 수 있는 체험거리가 <u>아닌 것은</u> 무엇입니까?

❶ 머드 씨름   ❷ 갯벌 스키   ❸ 머드 슬라이딩   ❹ 머드 호텔

3) 머드 축제의 경품은 무엇이 있습니까?

_____

2 윗글을 읽고 아래 축제 포스터의 내용을 완성하세요.

보령 머드 축제

보령 머드 축제에서 시원한 여름을 즐기세요!

- 장소: _____1)_____
- 일시: _____2)_____
- 체험거리: 머드 씨름 대회, 머드 슬라이딩 등

* 게임에 참가하여 1등을 하신 분께는 경품으로
_____3)_____ 을 드립니다.

주최 및 협찬: 보령 시청
참가 문의: 보령 시청 041-930-3114

17과 잠을 푹 자면 좋겠어요

어휘

1 관계있는 것을 연결하세요.

1)   •

    • ❶ 운동을 꾸준히 해요.

2)   •

    • ❷ 음식을 골고루 먹어요.

3)   •

    • ❸ 일찍 자고 일찍 일어나요.

4)   •

    • ❹ 식사를 규칙적으로 해요.

2 그림을 보고 〈보기〉와 같이 알맞은 것을 고르세요.

 보기 저는 운동을 (❶ 꾸준히 하는, ❷ 거의 하지 않는) 편이에요.

1) 어제 야근을 했어요. 지금 (❶ 잠을 충분히 잤어요, ❷ 잠이 부족해요).

2) 저는 야채를 거의 안 먹는 편이에요. (❶ 음식을 골고루 먹어요, ❷ 편식이 심해요).

3) 저는 근무 시간이 매주 달라요. 그래서 (❶ 식사를 규칙적으로 해요, ❷ 식사가 불규칙해요).

3 〈보기〉에서 알맞은 것을 골라 문장을 완성하세요.

> **보기**　　힘(기운)이 없다　　어지럽다　　열이 나다　　몸살이 나다

1)

열심히 공부했는데 시험에 떨어져서 요즘은 _____.

2)

요즘 두통이 심해요. 가끔 머리도 _____.

3)

감기에 걸린 것 같아요. 기침이 나고 _____.

4)

어제 혼자 이사를 하고 오늘 _____.

4 다음 대화에 알맞은 것을 고르세요.

1)

가: 미영 씨 괜찮아요? (❶ 기운이 있어요, ❷ 안색이 안 좋아요).
나: 속이 안 좋고 조금 어지러워요.

2)

가: 괜찮으세요? 어디 아프세요?
나: 아까 시간이 없어서 밥을 급하게 먹었거든요.
　　지금 너무 (❶ 소화가 안 돼요, ❷ 어지러워요).

3)

가: 왜 식사를 못 하세요?
나: 요즘 시험 때문에 걱정이 돼서 (❶ 몸살이 났어요, ❷ 입맛이 없어요).

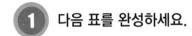
1 다음 표를 완성하세요.

기본형	-으면 좋겠다/면 좋겠다	기본형	-으면 좋겠다/면 좋겠다
먹다	먹으면 좋겠다	찾다	
가다		만나다	
합격하다		찍다	
넓다		싸다	
많다		크다	
★가깝다		만들다	만들면 좋겠다

2 〈보기〉와 같이 대화를 완성하세요.

> 보기
> 가: 주말에 토픽 시험 보지요?
> 나: 네, 이번에는 꼭 <u>합격하면 좋겠어요</u> . (합격하다)

1) 가: 내일이 합격자 발표지요?

나: 네, 그 회사에 꼭 _____. (취업하다)

2) 가: 사이즈는 어떠세요?

나: 조금 작은데 한 치수 _____. (크다)

3) 가: 남편이 담배를 피우나요?

나: 네, 이제 곧 아이가 태어나는데 _____. (담배를 끊다)

4) 가: 날씨가 너무 덥네요.

나: 맞아요. 조금 비도 오고 시원한 _____. (바람이 불다)

1 〈보기〉와 같이 문장을 완성하세요.

> 보기   저는 아침마다 사과를 하나씩 먹어요. <u>사과는 변비에 좋아요</u>.
> (변비에 좋다)

1) 저는 담배를 안 피워요. 담배는 가장 _____.
   (건강에 안 좋다)

2) 저는 커피를 안 마셔요. 커피는 _____.
   (숙면에 안 좋다)

3) 저는 주말마다 등산을 해요. 등산을 하면 _____.
   (심장과 다리 건강에 좋다)

4) 저는 노래방에 자주 가요. 노래를 부르면 _____.
   (스트레스 해소에 좋다)

2 다음 그림을 보고 〈보기〉와 같이 대화를 완성하세요.

> 보기
> 가: 저한테는 야채 안 주셔도 돼요.
> 나: 왜요? 음식을 골고루 드세요. <u>편식은 건강에 안 좋아요</u>.
> 편식/건강 ✕

1)
   편식/건강 ✕... 따뜻한 차/감기 ○

   가: 감기에 걸린 것 같아요.
   나: 이 차를 드세요. 따뜻한 차는 _____.

2)
   사과/소화 ○

   가: 요즘 소화가 잘 안 돼요.
   나: 아침마다 사과를 먹어 보세요. 사과는 _____.

3)
   잠/피부 ○

   가: 요즘 피부가 안 좋아졌어요.
   나: 잠을 충분히 자야 해요. 충분한 잠이 _____.

4)
   짠 음식/건강 ✕

   가: 너무 싱거워요. 거기 소금 좀 주세요.
   나: 소금을 조금만 넣으세요. 짠 음식은 _____.

Track 33

1 다음 대화를 듣고 빈칸에 알맞은 말을 쓰세요. 그리고 말해 보세요.

1) 가: 불면증이 있어서 밤에 잠을 잘 못 자요. 잠을 푹 _____.

   나: 자기 전에 따뜻한 물로 샤워를 해 보세요.

2) 가: 상담을 오래 하니까 목이 자주 아파요.

   나: 따뜻한 도라지차를 마셔 보세요. 도라지가 _____.

3) 가: 변비 때문에 너무 힘들어요.

   나: 야채를 많이 드세요. 야채가 _____.

Track 34

2 다음을 듣고 물음에 답하세요.

1) 제이슨 씨는 어디가 안 좋아요?

   _____

2) 들은 내용과 같으면 ◯, 다르면 X 하세요.

   ❶ 제이슨 씨는 아직 점심을 못 먹었어요.   (   )

   ❷ 아나이스 씨는 소화제를 주었어요.   (   )

   ❸ 따뜻한 차는 속이 안 좋을 때 먹으면 좋아요.   (   )

1 다음 글을 읽고 물음에 답하세요.

작지만 중요한 건강한 식습관

 첫째, 음식 잘 씹어 먹기
– 음식을 잘 씹어서 천천히 먹으면 배가 부른 느낌을 알 수 있기 때문에 덜 먹게 되고 소화도 더 잘 됩니다.

 둘째, 음료수 대신 물 마시기
– 우리가 날마다 쉽게 마시는 탄산음료, 과일주스를 조금만 줄여도 당분 섭취를 줄일 수 있습니다. 당분 섭취를 줄이면 비만과 다이어트에 도움이 됩니다.

 셋째, 매일 채소 먹기
– 채소를 먹는 것은 비타민 에이(A), 비타민 시(C) 등 다양하고 좋은 영양소를 얻는 좋은 방법입니다. 채소는 제철 채소를 먹는 것이 더 좋습니다. 제철 채소에 영양소가 더 많기 때문입니다.

1) 건강한 음식 습관이 <u>아닌 것은</u> 무엇입니까?

❶ 잘 씹어 먹기   ❷ 물 마시기   ❸ 주스 마시기   ❹ 채소 먹기

2) 음료수 대신 물을 마시는 것은 무엇에 좋습니까?

_____

3) 제철 채소가 더 좋은 이유가 무엇입니까?

_____

2 다음은 '나의 건강 생활 습관'에 대한 글입니다. 글을 완성하세요.

나의 건강 생활 습관

건강 생활 습관 **1** 할 수 있으면 버스나 지하철보다는 걷거나 자전거를 타요.

건강 생활 습관 **2** 커피나 음료수보다는 따뜻한 차를 마셔요.

건강 생활 습관 **3** 식사할 때 고기보다 채소를 더 많이 먹어요.

저는 건강을 위해 일상생활에서 다음의 세 가지를 지키기 위해 노력하고 있습니다. 첫 번째,
1) _____. 이 습관은
2) _____에 좋습니다. 두 번째, **3)** _____
_____. 이 습관은 **4)** _____에 좋습니다. 세 번째, **5)** _____
_____. 이 습관은 **6)** _____에 좋습니다.

18과 이 수업을 신청하는 게 어때요?

어휘

1 관계있는 것을 연결하세요.

1)  · · ❶ 도자기 만들기

2)  · · ❷ 요가

3)  · · ❸ 노래 교실

4)  · · ❹ 미용 자격증

2 〈보기〉에서 알맞은 것을 골라 대화를 완성하세요.

보기		
천연 비누 만들기	웰빙 댄스	노래 교실
요리 교실	미용 자격증	

1) 가: 수업 신청했어요?

　　나: 저는 ＿＿＿＿＿＿＿＿＿＿ 배우고 싶어요. 우리 아이가 피부가 조금 약해요.

2) 가: 무슨 수업을 들을 거예요?

　　나: 저는 ＿＿＿＿＿＿＿＿＿＿ 신청했어요. 전부터 한국 노래를 배우고 싶었거든요.

3) 가: 요즘 무엇을 준비하고 있어요?

　　나: 저는 나중에 미용실을 하고 싶어서 지금 ＿＿＿＿＿＿＿＿＿＿ 수업을 듣고 있어요.

4) 가: 음식이 정말 맛있어요. 어떻게 이렇게 요리를 잘하세요?

　　나: 제가 한국 요리를 하나도 못했거든요. 그래서 요즘 문화 센터 ＿＿＿＿＿＿＿＿＿＿ 다니고 있어요.

3 〈보기〉에서 알맞은 것을 골라 빈칸에 쓰세요.

> **보기**
>
> 수강 신청을 하다 　　　　 시간을 확인하다 　　　　 회원 가입을 하다
>
> 프로그램을 선택하다 　　　 수업을 듣다

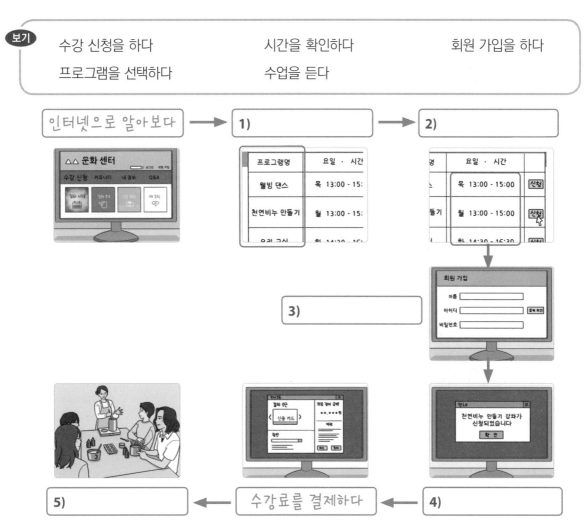

4 다음 대화에 알맞은 것을 고르세요.

1)

가: 문화 센터 수업을 듣고 싶어요. 어떻게 해야 돼요?

나: 여기에서 프로그램을 선택하고 수업 시간을 (❶ 확인하세요, ❷ 가입하세요).

2)

가: 무슨 수업을 듣고 싶어요?

나: 저는 이번에 도자기 만들기 강좌를 (❶ 신청했어요, ❷ 가입했어요).

3)

가: 수강료는 어떻게 내요?

나: 프로그램 수강료는 카드로 (❶ 선택할 수 있어요, ❷ 결제할 수 있어요).

1 〈보기〉와 같이 대화를 완성하세요.

보기

가: 노래를 잘 부르고 싶어요.

나: 문화 센터의 <u>노래 교실을 신청하는 게 어때요?</u> (노래 교실을 신청하다)

1)

가: 한국말을 더 잘하고 싶어요.

나: 한국 _____? (친구를 사귀다)

2)

가: 이번 휴가는 산으로 갈까요? 바다로 갈까요?

나: 물이 있는 _____? (바다로 가다)

3)

가: 제가 요리를 너무 못해요.

나: 문화 센터에 가서 _____? (요리를 배우다)

4)

가: 저녁은 뭘 먹을까요?

나: 오늘은 날씨가 조금 추우니까 _____?

(김치찌개를 먹다)

2 〈보기〉와 같이 대화를 완성하세요.

보기

가: 저는 나중에 무역 회사에서 일하고 싶어요.

나: 그럼 문화 센터에서 <u>어학 자격증 수업을 듣는 게 어때요?</u> (어학 자격증 수업을 듣다)

1) 가: 이링 씨, 혹시 약이 있어요?

나: 몸이 많이 안 좋아요? 그렇게 몸이 아프면 _____? (병원에 가다)

2) 가: 이 식당에서는 뭘 먹을까요?

나: 잠시드 씨는 매운 음식을 잘 못 먹으니까 _____? (삼계탕을 먹다)

3) 가: 이번에 우리 부모님이 한국에 처음 오세요. 무엇을 하면 좋을까요?

나: 부모님과 같이 _____? (제주도에 가다)

4) 가: 이번 토요일은 점심때까지 회사 일이 바빠요.

나: 점심때 바쁘면 _____? (저녁에 만나다)

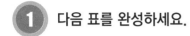

1 다음 표를 완성하세요.

기본형	-아/어 보이다	기본형	-아/어 보이다	기본형	-아/어 보이다
높다	높아 보이다	적다		좋다	
비싸다		넓다	넓어 보이다	피곤하다	
친절하다	친절해 보이다	작다		힘들다	
행복하다		재미있다		깔끔하다	
좁다		★덥다		시원하다	
낮다		★춥다		신선하다	

2 〈보기〉와 같이 대화를 완성하세요.

> **보기**
> 가: 이거 제가 만든 거예요. 한번 먹어 보세요.
> 나: 아주 <u>맛있어 보여요</u>. (맛있다) 잘 먹을게요.

1) 가: 어서 오세요. 여기가 새로 이사한 제 집이에요.
   나: 와! 집이 아주 깨끗하고 더 _____. (넓다)

2) 가: 라흐만 씨 오늘 _____. (기분이 좋다)
   나: 내일부터 휴가거든요. 고향에 다녀오려고요.

3) 가: 머리 스타일을 바꾸었어요. 어때요?
   나: 머리를 짧게 자르니까 더 _____. (멋있다)

4) 가: 어느 영화를 볼래요?
   나: 저 영화가 가장 _____. (재미있다)

Track 35

1 다음 대화를 듣고 빈칸에 알맞은 말을 쓰세요. 그리고 말해 보세요. 🎧

1) 가: 어떤 수업이 재미있어요?

   나: 운동을 좋아하니까 _____?

2) 가: 어떤 수업을 신청했어요?

   나: 운동을 좋아해서 _____.

3) 가: 이 옷이 어때요?

   나: 옷은 예쁘지만 _____.

Track 36

2 다음을 듣고 물음에 답하세요. 🎧

1) 이링은 무슨 수업을 신청하려고 해요?

   _____

2) 들은 내용과 같으면 ○, 다르면 X 하세요.

   ❶ 이링은 만들기를 좋아해요.   (   )
   ❷ 문화 센터의 수업은 선착순 모집이에요.   (   )
   ❸ 문화 센터의 수업은 인터넷으로 신청할 수 있어요. (   )

1 다음 글을 읽고 물음에 답하세요.

행복동 주민 센터 9월 강좌 수강생 모집

- **접수 기간:** 6월 8일(월)~6월 26일(금)
- **접수 장소:** 주민 센터 1층 접수처
- **문의 전화:** 061-270-3478

강좌명	대상	시간	강의실	인원	수강료
요가	성인	월, 수, 금 20시~21시	101호	10명	30,000원
중국어	성인	화, 목 20시~21시	201호	10명	20,000원
향초 만들기	초등학생	월, 수, 금 19시~20시	102호	10명	10,000원
노래 교실	성인	화, 목 19시~20시	301호	30명	10,000원

* 수강료 카드로 결제 가능

1) 문화 센터에 없는 수업은 무엇입니까?

❶ 한국어　　　❷ 요가　　　❸ 만들기　　　❹ 노래 교실

2) 접수 기간은 언제까지입니까?

_____

3) 수강료는 어떻게 낼 수 있습니까?

_____

2 문화 센터 프로그램을 보고 듣고 싶은 수업의 수강 신청서를 작성하세요.

〈절취선〉- -

수강 신청서

프로그램명			
수강자 성명		생년월일	
주소		휴대 전화	
수강 기간	1개월, 2개월, 3개월	수강료	현금, 카드

모범 답안

1 제 고향은 경치가 아름다운 곳이에요

어휘 p. 10

1. 1) 오래된 건물이　　2) 호수예요
　　3) 절이　　　　　　　4) 박물관에

2. 1) 한강에서　　　　　2) 쌀국수가
　　3) 해산물이　　　　　4) 벚꽃

3. 1) 길이 복잡해요　　　2) 교통이 편리해서
　　3) 건물이 높아요　　　4) 사람이 많아요

4. 1) 공기가 깨끗해요　　2) 경치가 아름다워서
　　3) 건물이 낮아서　　　4) 한적한

문법 p. 12

명 이라고 하다

1.

기본형	이라고 하다/라고 하다	기본형	이라고 하다/라고 하다
한복	한복이라고 하다	프린터	프린터라고 하다
송편	송편이라고 하다	원숭이	원숭이라고 하다
월병	월병이라고 하다	기모노	기모노라고 하다
볼펜	볼펜이라고 하다	아오자이	아오자이라고 하다
후엔	후엔이라고 하다	잠시드	잠시드라고 하다

2. 1) 후엔이라고 해요
　　2) 숟가락과 젓가락이라고 해요
　　3) 떡국이라고 해요
　　4) 부모님이라고 해요

형 -은

1.

기본형	-은/ㄴ	기본형	-은/ㄴ	기본형	-는
좋다	좋은	나쁘다	나쁜	재미있다	재미있는
많다	많은	싸다	싼	재미없다	재미없는
높다	높은	한적하다	한적한	맛있다	맛있는
넓다	넓은	행복하다	행복한	맛없다	맛없는
★덥다	더운	★길다	긴		
★아름답다	아름다운	★멀다	먼		

2. 1) 싼　　　　　　　　2) 더운, 더운
　　3) 행복한　　　　　　4) 먼
　　5) 재미있는

말하기와 듣기 p. 14

1. 1) 역사의 도시라고 해요
　　2) 공기가 깨끗하지요
　　3) 경치도 아름답

2. 1) 필리핀
　　2) ① X　　② X　　③ X

읽기와 쓰기 p. 15

1. 1) ①　　　　　　　　2) ④

2. 1) 한적한
　　2) 공기가 깨끗합니다
　　3) 경치가 아름답습니다.
　　4) 물이 깨끗해서

2 쓰레기는 내가 버릴게요

어휘 p. 16

1. 1) 요리해요　　　　　2) 빨래해요
　　3) 청소했어요

2. 1) 책장을 정리할 거예요
　　2) 청소기를 돌리지 못했어요
　　3) 방을 쓸고 닦을게요
　　4) 분리수거를 해요

3. 1) 세탁기를 돌리세요　2) 빨래를 널
　　3) 다림질을 하　　　4) 빨래를 갤까요

4. 1) 설거지하는　　　　2) 방을 치워요
　　3) 음식을 만들고　　4) 쓰레기를 버려요

문법 p. 18

동 −을게요

1.

기본형	−을게요/ㄹ게요	기본형	−을/ㄹ게요
먹다	먹을게요	자다	잘게요
씻다	씻을게요	도와주다	도와줄게요
입다	입을게요	청소하다	청소할게요
닦다	닦을게요	★만들다	만들게요
읽다	읽을게요	★널다	널게요

2. 1) 먹을게요　　　　2) 사 올게요
　　3) 줄게요　　　　4) 도와줄게요

동 −은 다음에

1.

기본형	−은 다음에/ㄴ 다음에	기본형	−은 다음에/ㄴ 다음에
먹다	먹은 다음에	자다	잔 다음에
씻다	씻은 다음에	돌리다	돌린 다음에
닦다	닦은 다음에	개다	갠 다음에
받다	받은 다음에	빨래하다	빨래한 다음에
읽다	읽은 다음에	★쓸다	쓴 다음에

2. 1) 책을 읽은 다음에 단어를 찾아요
　　2) 물을 마신 다음에 씻어요
　　3) 청소기를 돌린 다음에 걸레로 닦아요
　　4) 창문을 연 다음에 방을 씁시다(쓸까요?)
　　5) 밥을 먹은 다음에 낮잠을 자요

말하기와 듣기 p. 20

1. 1) 청소하고 빨래를 해서
　　2) 분리수거를 하러
　　3) 요리하고

2. 1) 청소기
　　2) ① X　　② O　　③ O

읽기와 쓰기 p. 21

1. 1) ②　　　　　　2) ①

2. 1) 책장을 정리합니다
　　2) 방을 씁니다
　　3) 방을 닦은
　　4) 버릴 쓰레기를 넣습니다
　　5) 분리수거합니다

3　이걸로 한번 입어 보세요

어휘 p. 22

1. 1) 모자를 쓰　　　　2) 작업화를 신
　　3) 선글라스를 쓰　　4) 부츠를 신

2. 1) 치수가 작아서　　2) 치수가 잘 맞
　　3) 굽이 높은　　　　4) 치수가 크

3. 1) 블라우스를 입　　2) 목걸이를 하
　　3) 청바지를 입　　　4) 스카프를 하

4. 1) 길이가 짧은　　　2) 디자인이 마음에 들어요
　　3) 편한　　　　　　4) 길이가 길어서

문법 p.24

명 이나

1.

기본형	이나/나	기본형	이나/나
산	산이나	샌들	샌들이나
안경	안경이나	모자	모자나
바다	바다나	장갑	장갑이나
구두	구두나	버스	버스나
지하철	지하철이나	운동화	운동화나

2. 1) 삼계탕이나 냉면을
　　2) 운동화나 샌들을
　　3) 버스나 지하철을
　　4) 수요일이나 금요일에

동 –어 보다

1.

기본형	–아 보다/어 보다	기본형	–아 보다/어 보다	기본형	–아 보다/어 보다
가다	가 보다	일하다	일해 보다	사다	사 보다
먹다	먹어 보다	신다	신어 보다	말하다	말해 보다
찾다	찾아 보다	만들다	만들어 보다	받다	받아 보다
만나다	만나 보다	★듣다	들어 보다	부탁하다	부탁해 보다
공부하다	공부해 보다	★눕다	누워 보다	운동하다	운동해 보다

2. 1) 가 보세요
2) 여행해 보세요
3) 먹어 봤어요
4) 찾아 봤어요, 찾아 봐요
5) 만들어 봤어요, 만들어 봤어요

말하기와 듣기 p. 26

1. 1) 지하철이나 버스를
2) 모자를 쓰고 구두를 신
3) 먹어 봤어요

2. 1) 아이를 찾는 방송
2) ① X　　② O　　③ X

읽기와 쓰기 p. 27

1. 1) ③　　　　2) ④

2. 1) 점퍼를 입고 있습니다
2) 조끼를 입고 있습니다
3) 안경을 쓰고 있습니다
4) 블라우스를 입고 있습니다

4 지금 통화할 수 있어요?

어휘 p. 28

1. 1) 전화를 걸어 보세요　　2) 문자를 지우
3) 문자를 받았어요　　　　4) 전화를 끊

2. 1) 전화를 바꿔　　　　　2) 영상 통화를 해요
3) 문자를 보내세요　　　4) 국제 전화를 해요

3. 1) 지금 안 계세요　　　2) 답장이 없어요
3) 여보세요　　　　　　4) 통화 중이에요

4. 1) 전화번호가 몇 번이에요
2) 휴대 전화 배터리가 없어요
3) 매너 모드로 해요/진동으로 해요
4) 전화 잘못 거셨어요.

문법 p. 30

동 –을 수 있다/없다

1.

기본형	–을/ㄹ 수 있다/없다	기본형	–을/ㄹ 수 있다/없다
먹다	먹을 수 있다/없다	자다	잘 수 있다/없다
씻다	씻을 수 있다/없다	만나다	만날 수 있다/없다
입다	입을 수 있다/없다	도와주다	도와줄 수 있다/없다
닦다	닦을 수 있다/없다	청소하다	청소할 수 있다/없다
읽다	읽을 수 있다/없다	★만들다	만들 수 있다/없다

2. 1) 읽을 수 있어요
2) 만날 수 있어요, 만날 수 없어요
3) 도와줄 수 있어요, 도와줄 수 있어요
4) 만들 수 있어요, 만들 수 있어요

반말

1.

	–아/어/해	–았/었/했어	–을/ㄹ 거야
읽다	읽어	읽었어	읽을 거야
가다	가	갔어	갈 거야
적다	적어	적었어	적을 거야
싸다	싸	쌌어	쌀 거야

	−니?	−았/었/했니?	−을/ㄹ 거니?
읽다	읽니?	읽었니?	읽을 거니?
가다	가니?	갔니?	갈 거니?
적다	적니?	적었니?	—
싸다	싸니?	쌌니?	

	−자	−지 말자	−아/어/해	−지 마
읽다	읽자	읽지 말자	읽어	읽지 마
가다	가자	가지 말자	가	가지 마

	이야/야	이었어/였어	이/가 아니야	이/가 아니었어
학생	학생이야	학생이었어	학생이 아니야	학생이 아니었어
가수	가수야	가수였어	가수가 아니야	가수가 아니었어

2. 1) 내 생일 파티에 올 거야? / 아니, 일이 있어서 못 가.

　　2) 잠시드, 이 우산이 네 우산이야? / 아니, 내 우산이
　　　 아니야.

　　3) 오늘은 구두를 신지 마. / 왜? 무슨 일이 있어?

　　4) 내일 같이 쇼핑하러 갈까? / 그래, 같이 가자.

　　5) 도와줘서 고마워. / 응, 잘 가.

말하기와 듣기　p. 32

1. 1) 문자를 보낼 수 있어요

　　2) 핸드폰을 매너 모드로 해

　　3) 전화를 잘못 걸었어요

2. 1) 안젤라와 상사

　　2) ① O　　② X　　③ X

읽기와 쓰기　p. 33

1. 1) 영상 통화를 합니다

　　2) ④

2.
　나는 라민이야. 고향에 못 간 지 벌써 6개월이 되었어. 네가 너무 보고 싶어. 건강하게 잘 있지?

　나는 매일 학교에서 열심히 공부하고 있어. 한국어 공부와 전공 공부가 어렵지만 열심히 하고 있어. 가족들과 친구들이 많이 보고 싶어.

　이제 곧 방학이야. 방학이 되면 바로 고향에 갈 거야.

만나서 같이 이야기 많이 하자. 그럼, 조금만 기다려 줘. 또 편지 쓸게.

　　　　　　　2020년 6월 10일 한국에서 라민이

5　많이 아프면 약을 드세요

어휘　p. 34

1. 1) 머리가 아프다　　　2) 열이 나다

　　3) 기침을 하다　　　 4) 콧물이 나다

2. 1) 아프, 부었어요　　　2) 아프, 설사도 했어요

　　3) 기침도 하, 열도 나요　4) 부러졌어요.

3. 1) 두통약　　　　　　2) 감기약

　　3) 소화제　　　　　　4) 해열제

4. 1) 파스를 붙였어요　　2) 밴드를 붙였어요

　　3) 소독약을 바르　　 4) 연고를 발랐어요.

문법　p. 36

동 형 −으면

1.

기본형	−으면/면	기본형	−으면/면
먹다	먹으면	보다	보면
입다	입으면	만나다	만나면
좋다	좋으면	예쁘다	예쁘면
많다	많으면	아프다	아프면
있다/없다	있으면/없으면	만들다	만들면
★걷다	걸으면	★덥다	더우면

2. 1) ③, 이가 아프면 빨리 치과에 가세요

　　2) ④, 이 약을 먹으면 금방 나을 거예요

　　3) ①, 돈이 많이 있으면 세계 여행을 하고 싶어요

　　4) ②, 한국어를 잘하면 한국 회사에 취직할 거예요

동 –어서(순차)

1.

기본형	–아서/어서	기본형	–아서/어서	기본형	–아서/어서
씻다	씻어서	마시다	마셔서	앉다	앉아서
가다	가서	만나다	만나서	주문하다	주문해서
만들다	만들어서	전화하다	전화해서	운전하다	운전해서
★듣다	들어서	보다	봐서	사다	사서

2. 1) 앉아서　　　　　2) 가서
　　3) 찍어서　　　　　4) 일어나서

말하기와 듣기　p. 38

1. 1) 소화도　　　　　2) 어제 저녁부터
　　3) 약국에 가서

2. 1) 다리를 다쳤어요.
　　2) ① O　　② X　　③ X

읽기와 쓰기　p. 39

1. 1) 약국에 내요.
　　2) ③

2. 1) 아프고 열도 납니다
　　2) 목도 부었습니다
　　3) 가서　　　　　4) 쉬면
　　5) 나으면

6　맛있는 음식을 먹을 때 행복해요

어휘　p. 40

1. 1) ⑤　　　2) ③　　　3) ②
　　4) ④　　　5) ①

2. 1) 외로워요　　　　2) 짜증나요
　　3) 답답해요　　　　4) 행복해요

3. 1) 답답해요　　　　2) 외로워요
　　3) 걱정돼요　　　　4) 기분이 안 좋아요

4. 1) 슬퍼요　　　　　2) 답답해요
　　3) 화나요　　　　　4) 짜증나요

문법　p. 42

동형 –겠–

1. 1) 비가 오겠어요　　　2) 반갑겠어요
　　3) 기쁘겠어요　　　　4) 신나겠어요

2. 1) 피곤하시겠어요　　　2) 늦게 주무셨겠어요
　　3) 배고프시겠어요　　　4) 수업이 끝나겠어요

동형 –을 때

1.

기본형	–을 때/ㄹ 때	기본형	–을 때/–ㄹ 때
먹다	먹을 때	보다	볼 때
입다	입을 때	마시다	마실 때
좋다	좋을 때	결혼하다	결혼할 때
많다	많을 때	바쁘다	바쁠 때
학생이다	학생일 때	아프다	아플 때
★외롭다	외로울 때	생일이 아니다	생일이 아닐 때
★듣다	들을 때	★힘들다	힘들 때

2. 1) 아플 때　　　　　2) 시험을 볼 때
　　3) 합격했을 때　　　4) 시간이 있을 때

말하기와 듣기　p. 44

1. 1) 걱정돼요　　　　2) 사과도 안 할 때
　　3) 답답하겠어요

2. 1) 히토미 씨가 엄마가 됐어요. (히토미 씨가 아이를
　　낳았어요.)
　　2) ① O　　② O　　③ X

읽기와 쓰기　p. 45

1. 1) 외롭고 슬펐다 → 행복하다
　　2) ① O　　② O　　③ X

2. 1) 행복해 하는　　　2) 놀러 갔을 때
　　3) 외롭고 슬펐겠어요　　4) 깜짝 놀라서 울 때

7 집들이니까 세제나 휴지를 가져갈게요

어휘 p. 46

1. 1) 금반지(돌잔치)　　　2) 세제(집들이)
　　 3) 장난감(돌잔치)　　　4) 휴지(집들이)

2. 1) 선물을 가져가요　　　2) 손님을 맞이하러
　　 3) 음식을 차리는　　　4) 손님을 대접할

3. 1) 미리 연락하　　　　2) 늦지 않게 도착했어요
　　 3) 노크를 하는　　　　4) 명함을 건네요

4. 1) 늦지 않게 도착할
　　 2) 미리 연락하고
　　 3) 인사를 나누세요
　　 4) 약속 장소와 시간을 정하지 않고

문법 p. 48

통–을래요?

1.

기본형	–을래요?/ㄹ래요?	기본형	–을래요?/–ㄹ래요?
먹다	먹을래요?	사다	살래요?
읽다	읽을래요?	마시다	마실래요?
찾다	찾을래요?	청소하다	청소할래요?
★듣다	들을래요?	★만들다	만들래요?

2. 1) 볼래요　　　　　　2) 갈래요
　　 3) 마실래요　　　　 4) 갈래요, 갈래요

통형–으니까

1.

기본형	–으니까/니까	기본형	–으니까/니까
먹다	먹으니까	오다	오니까
읽다	읽으니까	만나다	만나니까
신다	신으니까	도착하다	도착하니까
많다	많으니까	아프다	아프니까
★듣다	들으니까	피곤하다	피곤하니까
★덥다	더우니까	★만들다	만드니까

2. 1) ③. 이번 주는 바쁘니까 다음 주에 만나요.
　　 2) ④. 눈이 와서 길이 미끄러우니까 운전 조심하세요.
　　 3) ⑤. 날씨가 많이 더우니까 에어컨을 켜세요.
　　 4) ①. 그 식당 음식이 맛있으니까 거기로 갈래요?
　　 5) ②. 내일이 시험이니까 열심히 공부하세요.

말하기와 듣기 p. 50

1. 1) 어디로 할래요　　　2) 수업이 있으니까
　　 3) 휴지나 세제를

2. 1) 한국 무역, 과장
　　 2) ① O　　② O　　③ X　　④ O

읽기와 쓰기 p. 51

1. 1) 돌잔치 초대장이에요.
　　 2) ① O　　② O　　③ X

2. 1) 미리 연락합니다. 갑자기 방문하는
　　 2) 늦지 않게 도착합니다
　　 3) 노크를 합니다
　　 4) 작은 선물을 준비하는
　　 5) 빈손으로 가지

8 9월부터 한국어 수업을 듣기로 했어요

어휘 p. 52

1. 1) 과정명　　　　　　2) 과정 기간
　　 3) 과정 시간　　　　 4) 과정 장소
　　 5) 요일

2. 1) 한국어 초급 2
　　 2) 16일부터 5월 11일까지예요
　　 3) 18명이에요

3. 1) 단계　　　　　　　2) 이상
　　 3) 평가　　　　　　　4) 합격
　　 5) 재수료　　　　　　6) 승급

4. 1) 출석하면　　　　　2) 불합격했어요
　　 3) 재수료해서　　　　4) 이수할 수 있어요

문법 p. 54

동-기 전에

1. 1) 영화를 보기 전에
   2) 친구를 만나기 전에
   3) 단계 평가를 보기 전에
   4) 과정 신청하기 전에

2. 1) 밥 먹기 전에
   2) 수업 시작하기 전에
   3) 외국 여행 가기 전에
   4) 출발하기 전에

동-기로 하다

1. 1) 하기로 했어요
   2) 보기로 했어요
   3) 타고 가기로 했어요
   4) 서울 한정식에서 하기로 했어요

2. 1) 식사하기로 했어요
   2) 축구하기로 했어요
   3) 여행을 가기로 했어요
   4) 쉬기로 했어요

말하기와 듣기 p. 56

1. 1) 2단계 수업을　　　　2) 오기 전에
   3) 외식하기로 했어요

2. 1) 선생님에게 전화했어요.
   2) ① O　　　② O　　　③ X

읽기와 쓰기 p. 57

1. 1) 2단계에서 공부하고 있어요.
   2) ① X　　　② O　　　③ O

9　근처에 자주 가는 식당이 있어요

어휘 p. 58

1. 1) 싱거워요　　　　2) 매워요(매울 거예요)
   3) 신　　　　　　　4) 단

2. 1) 달콤한　　　　　2) 짭짤한
   3) 국물이 시원한　　4) 조미료가 들어갔어요

3. 1) 양이 많으니까
   2) 줄을 서서
   3) 밑반찬이 많이 나와요
   4) 자리가 없어요

4. 1) 분위기가 좋아요　　2) 칸막이가 있어서
   3) 서비스가 좋아요　　4) 맛집으로 유명한

문법 p. 60

동형-을 것 같다

1.

기본형	-을 것 같다/ ㄹ 것 같다	기본형	-을 것 같다/ ㄹ 것 같다
먹다	먹을 것 같다	오다	올 것 같다
읽다	읽을 것 같다	만나다	만날 것 같다
많다	많을 것 같다	피곤하다	피곤할 것 같다
★듣다	들을 것 같다	학생이다	학생일 것 같다
★맵다	매울 것 같다	★만들다	만들 것 같다

2. 1) 못 갈 것 같아요
   2) 늦을 것 같아요
   3) 좋을 것 같아요
   4) 취직할 것 같아요

동-는

1. 1) 읽는　　　　　2) 마시는
   3) 먹는　　　　　4) 듣는, 전화하는

2. 1) 부르는　　　　2) 사는, 사는
   3) 없는　　　　　4) 좋아하는

말하기와 듣기 p. 62

1. 1) 분위기가 좋은
   2) 맛집으로 유명한
   3) 밑반찬이 많이 나오는

2. 1) 매콤한 음식을 좋아해요.
   2) ① X   ② O   ③ O

읽기와 쓰기 p. 63

1. 1) ②   2) ④
2. 1) 만드는   2) 매운(매콤한)
   3) 단(달콤한)   4) 익으면

---

10 시청 옆에 있는데 가까워요

어휘 p. 64

1. 1) 육교로   2) 지하철역
   3) 버스 정류장에서   4) 신호등이

2. 1) 오른쪽으로 가세요   2) 쭉 가면, 똑바로 가면
   3) 맞은편에(건너편에)

3. 1) 갈아타요   2) 타고
   3) 요금을 내   4) 내려서

4. 1) 마을버스를 타요
   2) 지하철로 갈아타고
   3) 왼쪽으로 가면

문법 p. 66

동형 -는데

1.

기본형	-는데	기본형	-은데/ㄴ데	기본형	-은데/ㄴ데
먹다	먹는데	많다	많은데	싸다	싼데
듣다	듣는데	좋다	좋은데	바쁘다	바쁜데
가다	가는데	적다	적은데	아프다	아픈데
일하다	일하는데	★춥다	추운데	유명하다	유명한데
있다	있는데	★맵다	매운데	★멀다	먼데
★만들다	만드는데	★가깝다	가까운데	★힘들다	힘든데

2. 1) 오는데   2) 더운데
   3) 공부하고 있는데   4) 아는데

동형 -기 때문에

1. 1) 재료가 신선하기 때문에
   2) 일이 늦게 끝나기 때문에
   3) 친구가 오기 때문에
   4) 별로 안 좋아하기 때문에

2. 1) 조용하기 때문에, 한적하기 때문에
   2) 약을 팔기 때문에
   3) 살기 때문에
   4) 못 먹기 때문에

말하기와 듣기 p. 68

1. 1) 오른쪽으로 가면
   2) 보이기 때문에
   3) 30분쯤 걸릴 거예요

2. 1) 광주 식당에 가요.
   2) ③

읽기와 쓰기 p. 69

1. 1) ③ ② ① ④
   2) ③

2. 1) 사거리가   2) 왼쪽에
   3) 맞은편에   4) 오른쪽으로
   5) 있는데   6) 옆에
   7) 카페이기 때문에(장소이기 때문에)

---

11 보름달을 보면서 소원을 빌어요

어휘 p. 70

1. 1) 차례를 지내요   2) 연날리기
   3) 성묘를 해요   4) 제기차기

2. 1) 고향에 내려갈   2) 윷놀이를 해요
   3) 안부를 물어서   4) 가족이 모여서

3. 1) ①, ③, ⑤   2) ②, ③, ④

4. 1) 소원을 비세요   2) 세배를 하고
     3) 송편을 빚어서

문법 p. 72

형 −게

1. 1) 싸게   2) 예쁘게
     3) 크게   4) 신나게

2. 1) 작게   2) 깨끗하게
     3) 건강하게   4) 따뜻하게

동 −으면서

1.

기본형	−으면서/면서	기본형	−으면서/면서
먹다	먹으면서	읽다	읽으면서
가다	가면서	입다	입으면서
만나다	만나면서	마시다	마시면서
빚다	빚으면서	운동하다	운동하면서
받다	받으면서	빌다	빌면서
★듣다	들으면서	만들다	만들면서

2. 1) 울면서   2) 걸으면서
     3) 일하면서   4) 읽으면서

말하기와 듣기 p. 74

1. 1) 고향 친구들하고 모여서
     2) 보름달도 보면서
     3) 재미있게 보내요

2. 1) 결혼 후 첫 명절에 대해 이야기해요.
     2) ① O   ② X   ③ O

읽기와 쓰기 p. 75

1. 1) ②   2) ④

2. 1) 고향에 내려갑니다   2) 안부를 묻습니다
     3) 차례를 지내는   4) 성묘를 하러
     5) 직접 빚어서 먹는   6) 소원을 빕니다

12 실수를 자주 하는 편이에요

어휘 p. 76

1. 1) 창피하다   2) 당황하다
     3) 속상하다

2. 1) 우울해요   2) 그리워요
     3) 무서웠어요   4) 당황했어요

3. 1) 신발을 신고 들어가요
     2) 한국 사람 이야기를 못 알아들어요
     3) 사장님께 반말을 했어요
     4) 한 손으로 물건을 드리면

4. 1) 노약자석에 앉으면
     2) 글자를 잘못 읽어서
     3) 윗사람의 이름을 부르는
     4) 사람을 잘못 보고

문법 p. 78

동 −은 적이 있다

1.

기본형	−은 적이 있다/ㄴ 적이 있다	기본형	−은 적이 있다/ㄴ 적이 있다
먹다	먹은 적이 있다	가다	간 적이 있다
읽다	읽은 적이 있다	앉다	앉은 적이 있다
배우다	배운 적이 있다	입다	입은 적이 있다
보다	본 적이 있다	실수하다	실수한 적이 있다
받다	받은 적이 있다	★놀다	논 적이 있다
★듣다	들은 적이 있다	★만들다	만든 적이 있다

2. 1) 빚은 적이 있어요
     2) 배운 적이 있어서
     3) 잘못 탄 적이 있어요
     4) 먹은 적이 있는데

동·형 –는 편이다

1.

기본형	–는 편이다	기본형	–은 편이다/ㄴ 편이다	기본형	–은 편이다/ㄴ 편이다
먹다	먹는 편이다	작다	작은 편이다	싸다	싼 편이다
듣다	듣는 편이다	높다	높은 편이다	바쁘다	바쁜 편이다
보다	보는 편이다	많다	많은 편이다	건강하다	건강한 편이다
마시다	마시는 편이다	★맵다	매운 편이다	★멀다	먼 편이다
★만들다	만드는 편이다	★가깝다	가까운 편이다	★힘들다	힘든 편이다

2. 1) 비싼 편이에요   2) 연락하는 편이에요
     3) 가까운 편이에요   4) 먹는 편이에요
     5) 큰 편인데(큰 편이지만)

말하기와 듣기 p. 80

1. 1) 잘못 발음할 때도 있어요
     2) 실수를 자주 하는 편이에요
     3) 반말을 한 적이 있어요

2. 1) 교수님께 이름을 불렀어요.
     2) ① O   ② X   ③ O

읽기와 쓰기 p. 81

1. 1) 노약자석에 앉으면 안 되는 문화를 몰라서 실수했어요.
     2) ①

2. 1) 실수를 자주 하는 편이
     2) 한국어를 잘 못해서
     3) 당황한 적도
     4) 글자를 잘못 읽어서
     5) 한국에서 오래 살았기

13   소포를 보내려고 하는데요

어휘 p. 82

1. 1) 우편 번호를   2) 이엠에스(EMS)로
     3) 편지 봉투가   4) 택배가

2. 1) 주소를 써요   2) 소포를 보낼
     3) 우표를 붙이면   4) 편지를 보내고

3. 1) ④   2) ①   3) ③   4) ②

4. 1) ATM을 이용하면   2) 공과금을 납부하는
     3) 계좌를 개설하세요   4) 신용 카드를 만들면

문법 p. 84

동 –으려고 하다

1.

기본형	–으려고 하다/려고 하다	기본형	–으려고 하다/려고 하다
먹다	먹으려고 하다	읽다	읽으려고 하다
가다	가려고 하다	찾다	찾으려고 하다
배우다	배우려고 하다	환전하다	환전하려고 하다
입다	입으려고 하다	놀다	놀려고 하다
★듣다	들으려고 하다	만들다	만들려고 하다

2. 1) 쉬려고 해요   2) 여행 가려고 해요
     3) 운동하려고 해요   4) 초대하려고 해요

동 –어야 되다

1.

기본형	–아야/어야 되다	기본형	–아야/어야 되다	기본형	–아야/어야 되다
가다	가야 되다	먹다	먹어야 되다	일하다	일해야 되다
만나다	만나야 되다	찾다	찾아야 되다	공부하다	공부해야 되다
놓다	놓아야 되다	만들다	만들어야 되다	환전하다	환전해야 되다
★쓰다	써야 되다	★듣다	들어야 되다	이용하다	이용해야 되다

2. 1) 주소를 써야 돼요   2) 밥을 먹어야 돼요
     3) 비자가 있어야 돼요   4) 빨리 가야 돼요
     5) 예매해야 돼요

1. 1) 환전을 좀 하려고 하는데요
   2) 이엠에스(EMS) 신청서를 쓰셔야 돼요
   3) 빨리 보내야 돼서

2. 1) 신용 카드를 만들려고 해요.
   2) ① X　　② X　　③ O

1. 1) ②　　　　　　　2) ③

14　비자 연장 신청을 하려면 어떻게 해야 돼요?

1. 1) ④　　　2) ③　　　3) ①　　　4) ②

2. 1) 예방 주사를 맞으려고 해요
   2) 금연 상담을 받았어요
   3) 건강 검진을 받아 보세요
   4) 건강 진단서를 받으러

3. 1) ③　　　2) ④　　　3) ①　　　4) ②

4. 1) 외국인 등록증을　　2) 국적을 취득했어요
   3) 귀화　　　　　　　4) 영주권을

동-어도 되다

1.

기본형	-아도/어도 되다	기본형	-아도/어도 되다	기본형	-아도/어도 되다
입다	입어도 되다	가다	가도 되다	신청하다	신청해도 되다
오다	와도 되다	주다	줘도 되다	취소하다	취소해도 되다
먹다	먹어도 되다	만나다	만나도 되다	연장하다	연장해도 되다
사다	사도 되다	기다리다	기다려도 되다	변경하다	변경해도 되다
★걷다	걸어도 되다	보다	봐도 되다	연락하다	연락해도 되다
★듣다	들어도 되다	★돕다	도와도 되다	문의하다	문의해도 되다

2. 1) 먹어 봐도 돼요　　　　2) 누워 봐도 돼요
   3) 신어 봐도 돼요　　　　4) 주어도(줘도) 돼요

동-으려면

1.

기본형	-으려면/려면	기본형	-으려면/려면
먹다	먹으려면	가다	가려면
읽다	읽으려면	찾다	찾으려면
배우다	배우려면	입다	입으려면
연장하다	연장하려면	놀다	놀려면
★듣다	들으려면	만들다	만들려면

2. 1) 여행 가려면
   2) 인터넷 쇼핑을 하려면
   3) 환전하려면
   4) 버리려면
   5) 어린이집에 보내려면

1. 1) 신청을 하려면
   2) 재발급 받으려면
   3) 신고하면 돼요

2. 1) 아이 독감 예방 접종
   2) ① O　　② X　　③ X

1. 1) 의사의 진찰을 받습니다.
   2) ②

2. 1) 모자 보건 수첩을 가지고 가야 돼요
   2) 체온을 재어야 돼요
   3) 목욕을 시키고 깨끗한 옷을 입히세요

15 무역 회사에서 번역 일을 하고 있어요

어휘 p. 94

1. 1) ①   2) ③   3) ④   4) ②

2. 1) 출근부   2) 안전모
    3) 기계   4) 공구

3. 1) 작성해   2) 번역해
    3) 복사해   4) 팩스로 보내

4. 1) ①   2) ①   3) ②   4) ②

문법 p. 96

동-고 있다

1. 1) 가르치고 있어요
2) 보고 있어요
3) 판매하고 있어요
4) 고치고 있어요

2. 1) 회사 기숙사에 살고 있어요
2) 영어 번역 일을 하고 있어요
3) 베트남어를 가르치고 있어요
4) 장을 보고 있어요

동-은

1.

기본형	-은/ㄴ	기본형	-은/ㄴ
먹다	먹은	가다	간
찍다	찍은	보내다	보낸
찾다	찾은	만나다	만난
잡다	잡은	도착하다	도착한
앉다	앉은	번역하다	번역한
★듣다	들은	★만들다	만든

2. 1) 만든   2) 찍은
    3) 입은   4) 보낸

말하기와 듣기 p. 98

1. 1) 살고 있어요
2) 일을 하고 있어요

3) 간 곳은 부산이에요

2. 1) 필리핀에서 온 계약서를 번역하고 있어요.
2) ① O   ② O   ③ X

읽기와 쓰기 p. 99

1) 1) ③
2) 목요일 4시까지 해야 합니다.

2. 1) 김영민 대리   2) 번역했습니다
    3) 첨부했습니다   4) 뵙겠습니다

16 그 행사에는 가족이나 친구를 데려가도 되거든요

어휘 p. 100

1. 1) 대상   2) 참가비
    3) 준비물   4) 체험거리
    5) 장소

2. 1) ①   2) ①   3) ②   4) ①

3. 1) ②   2) ③   3) ④   4) ①

4. 1) 채용, 근무, 연락처
2) 모집, 모임, 연락처

문법 p. 102

동-을

1.

기본형	-을/ㄹ	기본형	-을/ㄹ
먹다	먹을	가다	갈
찍다	찍을	보내다	보낼
잡다	잡을	오다	올
앉다	앉을	신청하다	신청할
찾다	찾을	판매하다	판매할
★듣다	들을	★만들다	만들

2. 1) 다닐   2) 다녀올
    3) 판매할   4) 먹을
    5) 살

동형–거든요(이유)

1. 1) 기분이 좋거든요
2) 우산이 있거든요.
3) 중요한 회의가 있거든요
4) 시험이 있거든요
5) 한국에 오거든요

2. 1) 이야기를 재미있게 하거든요
2) 고기를 안 먹거든요
3) 감기에 걸렸거든요
4) 야근을 했거든요

말하기와 듣기 p. 104

1. 1) 야구를 좋아했거든요
2) 마실 물이 필요해요
3) 신청할 계획이에요

2. 1) 서울 세계 불꽃 축제에 가려고 해요.
2) ① X   ② O   ③ O

읽기와 쓰기 p. 105

1) 1) 보령 머드 축제를 소개하고 있습니다.
2) ④
3) 머드 화장품, 호텔 숙박권 등

2. 1) 대천 해수욕장
2) 7월 13일~22일
3) 머드 화장품/호텔 숙박권 등

17   잠을 푹 자면 좋겠어요

어휘 p. 106

1. 1) ①   2) ③   3) ②   4) ④

2. 1) ②   2) ②   3) ②

3. 1) 힘이 없어요   2) 어지러워요
3) 열이 나요   4) 몸살이 났어요

4. 1) ②   2) ①   3) ②

문법 p. 108

동형–으면 좋겠다

1.

기본형	–으면 좋겠다/ 면 좋겠다	기본형	–으면 좋겠다/ 면 좋겠다
먹다	먹으면 좋겠다	찾다	찾으면 좋겠다
가다	가면 좋겠다	만나다	만나면 좋겠다
합격하다	합격하면 좋겠다	찍다	찍으면 좋겠다
넓다	넓으면 좋겠다	싸다	싸면 좋겠다
많다	많으면 좋겠다	크다	크면 좋겠다
★가깝다	가까우면 좋겠다	만들다	만들면 좋겠다

2. 1) 취업하면 좋겠어요
2) 크면 좋겠어요
3) 담배를 끊으면 좋겠어요
4) 바람이 불면 좋겠어요

명에

1. 1) 건강에 안 좋아요
2) 숙면에 안 좋아요
3) 심장과 다리 건강에 좋아요
4) 스트레스 해소에 좋아요

2. 1) 감기에 좋아요
2) 소화에 좋아요
3) 피부에 좋아요
4) 건강에 안 좋아요

말하기와 듣기 p. 110

1. 1) 자면 좋겠어요
2) 목에 좋아요
3) 변비에 좋거든요

2. 1) 속이 안 좋아요. 소화도 안 돼요.
2) ① X   ② X   ③ O

읽기와 쓰기 p. 111

1. 1) ③
2) 당분 섭취를 줄일 수 있습니다.
3) 영양소가 더 많기 때문입니다.

2. 1) 할 수 있으면 버스나 지하철보다는 걷거나 자전거를 탑니다
   2) 다리 건강
   3) 커피나 음료수보다는 따뜻한 차를 마십니다
   4) 숙면
   5) 식사할 때 고기보다 채소를 더 많이 먹습니다
   6) 다이어트

18 이 수업을 신청하는 게 어때요?

어휘 p. 112

1. 1) ②   2) ①   3) ④   4) ③

2. 1) 천연 비누 만들기   2) 노래 교실
   3) 미용 자격증   4) 요리 교실

3. 1) 프로그램을 선택하다
   2) 시간을 확인하다
   3) 회원 가입을 하다
   4) 수강 신청을 하다
   5) 수업을 듣다

4. 1) ①   2) ①   3) ②

문법 p. 114

동 -는 게 어때요?

1. 1) 친구를 사귀는 게 어때요?
   2) 바다로 가는 게 어때요?
   3) 요리를 배우는 게 어때요?
   4) 김치찌개를 먹는 게 어때요?

2. 1) 병원에 가는 게 어때요?
   2) 삼계탕을 먹는 게 어때요?
   3) 제주도에 가는 게 어때요?
   4) 저녁에 만나는 게 어때요?

형 -어 보이다

1.

기본형	-아/어 보이다	기본형	-아/어 보이다	기본형	-아/어 보이다
높다	높아 보이다	적다	적어 보이다	좋다	좋아 보이다
비싸다	비싸 보이다	넓다	넓어 보이다	피곤하다	피곤해 보이다
친절하다	친절해 보이다	작다	작아 보이다	힘들다	힘들어 보이다
행복하다	행복해 보이다	재미있다	재미있어 보이다	깔끔하다	깔끔해 보이다
좁다	좁아 보이다	★덥다	더워 보이다	시원하다	시원해 보이다
낮다	낮아 보이다	★춥다	추워 보이다	신선하다	신선해 보이다

2. 1) 넓어 보여요
   2) 기분이 좋아 보여요
   3) 멋있어 보여요
   4) 재미있어 보여요

말하기와 듣기 p. 116

1. 1) 요가를 배우는 게 어때요
   2) 태권도 수업을 신청했어요
   3) 조금 비싸 보여요

2. 1) 천연 비누 만들기 수업
   2) ① ○   ② ○   ③ ○

읽기와 쓰기 p. 117

1. 1) ①
   2) 6월 26일(목요일)
   3) 카드로 결제할 수 있습니다.

말하기와 듣기 지문

1 제 고향은 경치가 아름다운 곳이에요

고 천(여): 만나서 반가워요. 마리셀 씨는 어느 나라에서 왔어요?

마리셀(여): 저는 필리핀에서 왔어요.

고 천(여): 마리셀 씨의 고향은 어떤 곳이에요?

마리셀(여): 조금 시골이라서 한적하고 조용한 곳이에요. 그리고 경치가 아름다워요.

고 천(여): 나중에 마리셀 씨 고향에 한번 가 보고 싶네요.

마리셀(여): 네, 한번 가 보세요.

2 쓰레기는 내가 버릴게요

광고(남): 여러분, 이번에 한국 전자에서 새 청소기가 나왔습니다. 이 청소기 하나만 있으면 여러분의 집과 방은 더 깨끗한 곳이 됩니다. 요즘 사람들은 바빠서 집안일을 할 시간이 없습니다. 그렇지만 걱정하지 마십시오. 이 청소기는 자기 스스로 더러운 곳을 찾아 청소를 합니다. 그리고 사람이 하는 것보다 더 빨리 바닥을 깨끗하게 해 줍니다. 먼저 일주일을 무료로 사용한 다음에 사셔도 됩니다! 지금 바로 전화 주십시오!

3 이걸로 한번 입어 보세요

방송(여): 아이를 찾고 있습니다. 조금 전에 2층 여자 화장실에서 아이를 잃어버렸습니다. 아이의 이름은 김지영이고 6살 여자아이입니다. 아이는 노란색 모자를 쓰고 있고, 짧은 하얀색 원피스를 입고 있습니다. 그리고 분홍색 구두를 신고 있습니다. 얼굴이 하얗고 키가 작은 아이입니다. 아이를 보신 분은 고객 센터로 바로 연락해 주십시오. 감사합니다.

4 지금 통화할 수 있어요?

과장님(남): 안젤라 씨, 드미트리 씨 왔습니까?

안젤라(여): 아니요, 아직 안 왔습니다.

과장님(남): 무슨 일이 있는 거 아니에요? 항상 일찍 회사에 왔는데 오늘은 안 오네요.

안젤라(여): 네. 그래서 제가 조금 전에 전화했지만 전화를 안 받아요.

과장님(남): 전화를 안 받아요? 그럼 문자를 보내세요. 아마 전화기를 진동 모드로 해서 못 들었을 거예요.

안젤라(여): 네, 알겠습니다.

5 많이 아프면 약을 드세요

의사(남): 어디가 불편해서 오셨어요?

이링(여): 어제 넘어져서 다리를 다쳤어요.

의사(남): 한번 다리를 봅시다. 발목이 많이 부었네요. 먼저 엑스레이를 좀 찍어 봅시다.

(잠시 후)

이링(여): 선생님, 어때요?

의사(남): 너무 걱정하지 마세요. 다행히 뼈는 부러지지 않았어요. 오늘은 주사를 맞고 가세요. 그리고 약국에서 약을 받아서 가세요. 약을 3일 정도 먹으면 나을 거예요.

이링(여): 네, 감사합니다.

6 맛있는 음식을 먹을 때 행복해요

이 링(여): 히토미 씨, 엄마가 된 걸 축하해요. 몸은 좀 어때세요?

히토미(여): 병원에 갈 때 걱정이 많이 됐어요. 그런데 아기도 건강하고 저도 괜찮아요.

이 링(여): 모두 건강해서 다행이에요. 첫아이가 태어나서 정말 기쁘겠어요.

히토미(여): 네, 아기를 보면 너무 행복해서 눈물이 나요.

이 링(여): 히토미 씨는 멋진 엄마가 될 거예요. 다시 한번 축하해요.

7 집들이니까 세제나 휴지를 가져갈게요

김민수(남 1): 안녕하세요? 김민수라고 합니다. 사장님을 뵈러 왔습니다.

비 서(여): 어서 오세요. 아까 전화하신 분이지요? 잠시만 기다리세요.

똑똑똑(노크 소리)

비 서(여): 사장님, 손님 오셨습니다.

사장님(남 2): 어서 오세요. 반갑습니다.

김민수(남 1): 처음 뵙겠습니다. 한국무역의 김민수 과장입니다. 여기 제 명함입니다.

8 9월부터 한국어 수업을 듣기로 했어요

따르릉(전화 벨소리)

후 엔(여 1): 선생님! 안녕하세요? 제가 지난번에 본 2단계 시험에 합격했어요.

선생님(여 2): 와! 축하해요.

후 엔(여 1): 제가 합격한 것은 모두 선생님 덕분이에요. 정말 감사합니다.

선생님(여 2): 아니에요. 후엔 씨가 열심히 공부해서 합격한 거지요.

후 엔(여 1): 저는 3단계도 여기에서 공부하기로 했어요. 3단계 과정 신청은 언제 해요?

선생님(여 2): 아직 결정되지 않았어요. 신청 시작하기 전에 미리 전화로 알려 드릴게요.

후 엔(여 1): 네, 감사합니다.

9 근처에 자주 가는 식당이 있어요

이링(여): 회사 앞에 새로 생긴 뷔페식당에 가 봤어요?

동료(남): 네, 지난주에 처음 가 봤어요. 분위기도 좋고 음식 맛도 좋아서 앞으로 자주 갈 것 같아요.

이링(여): 그래요? 저는 매콤한 음식을 좋아하는데 매콤한 음식도 많이 있어요?

동료(남): 네, 그리고 짭짤한 음식, 달콤한 음식, 새콤한 음식, 국물이 시원한 음식도 있고 정말 다양했어요.

이링(여): 그럼 오늘 점심시간에 같이 갈까요?

동료(남): 좋아요. 그럼 오늘 점심은 이링 씨가 사는 거예요?

이링(여): 물론이에요.

10 시청 옆에 있는데 가까워요

라흐만(남): 저기요. 광주 식당을 찾고 있는데 여기에서 어떻게 가요?

행 인(여): 저기 도서관이 있지요? 도서관 앞에서 횡단보도를 건너세요.

라흐만(남): 저기 육교도 있는데 횡단보도요?

행 인(여): 네, 횡단보도를 건너면 마트가 나와요. 마트 바로 맞은편이 광주 식당이에요.

라흐만(남): 네, 감사합니다.

11 보름달을 보면서 소원을 빌어요

제이슨(남): 결혼하고 첫 명절이었는데 어떻게 보냈어요?

고 천(여): 생각보다 재미있게 보냈어요. 시부모님하고 맛있는 식당에 가서 밥도 먹고 다 같이 영화도 봤어요.

제이슨(남): 보통 한국에서는 명절 아침에 차례를 지내기 때문에 음식을 만드는 집도 있는데 그런 건 안 했어요?

고 천(여): 네, 우리 시부모님도 옛날에는 다 하셨는데 요즘에는 가족들이 힘드니까 안 한다고 하셨어요.

제이슨(남): 정말 잘됐네요.

12 실수를 자주 하는 편이에요

라 민(남): 아나이스 씨, 얼굴이 왜 그래요? 무슨 일 있었어요?

아나이스(여): 오늘 수업 시간에 교수님의 이름을 불렀어요. 그땐 친구들이 왜 웃는지 몰랐는데 지금 생각하면 너무 창피해요.

라 민(남): 에이, 처음이니까 그런 실수는 할 수 있지요.

아나이스(여): 라민 씨는 한국에 살면서 실수를 별로 안 했지요?

라　민(남): 아니에요. 저도 많이 했어요. 저는 한국에
　　　　　오기 전에 높임말을 먼저 배웠어요. 그래서
　　　　　처음 한국에 왔을 때 저보다 나이가 어린
　　　　　사람에게도 높임말을 했어요.

13　소포를 보내려고 하는데요

이링(여): 안녕하세요. 신용 카드를 잃어버려서 다시 만들
　　　　　려고 하는데요.
직원(남): 아, 그러세요? 이 신청서 좀 써 주시겠어요?
　　　　　그리고 신분증도 주셔야 돼요.
이링(여): 지금 외국인 등록증은 없고 여권만 있는데 여권
　　　　　도 괜찮아요?
직원(남): 네, 여권도 괜찮습니다. 그리고 카드를 다시 만들
　　　　　땐 3,000원을 내셔야 합니다.
이링(여): 네, 여기요. 언제쯤 새 카드를 받을 수 있을까
　　　　　요?
직원(남): 보통 일주일 정도 걸립니다. 오늘 신청하면 다음
　　　　　주 수요일쯤 받으실 거예요.

14　비자 연장 신청을 하려면 어떻게 해야 돼요?

보건소 직원(여): 네, 강수 보건소입니다.
박민수(남): 　여보세요? 아이 독감 예방 접종을 하려면
　　　　　　어떻게 해야 돼요?
보건소 직원(여): 보건소에 오기 전에 집에서 한번 체온을
　　　　　　재 보세요. 체온이 높지 않으면 주사를
　　　　　　맞아도 됩니다.
　　　　　　그리고 주사를 맞은 날은 목욕을 못 하니
　　　　　　까 주사를 맞기 전에 미리 목욕을 하면
　　　　　　좋습니다.
박민수(남): 　네, 잘 알겠습니다. 감사합니다.

15　무역 회사에서 번역 일을 하고 있어요

사　장(남): 시간이 늦었는데 왜 퇴근 안 하고 있어요?
안젤라(여): 필리핀에서 온 계약서를 번역하고 있어요.
사　장(남): 많이 남았어요?
안젤라(여): 아니요. 거의 끝났어요. 30분 후에 퇴근하려고
　　　　　　요.
사　장(남): 그럼 안젤라 씨, 수고하시고 퇴근할 때 에어컨
　　　　　　하고 불 끄는 거 잊지 마세요.
안젤라(여): 네, 알겠습니다. 사장님.

16　그 행사에는 가족이나 친구를 데려가도 되거든요

이링(여 1): 왕흔 씨, 주말에 서울 세계 불꽃 축제에 같이
　　　　　　갈래요? 1년에 한 번 하는 정말 유명한 축제거
　　　　　　든요.
왕흔(여 2): 거기 가서 뭘 하는 거예요?
이링(여 1): 한강에서 밤에 하는 불꽃 쇼를 구경하는 거예
　　　　　　요. 주변에서 맛있는 것도 많이 팔아서 먹으면
　　　　　　서 구경할 수 있어요.
왕흔(여 2): 재미있겠어요. 그럼 갈 때 뭘 준비해야 돼요?
이링(여 1): 의자가 없으니까 바닥에 깔 돗자리하고 밤에
　　　　　　는 조금 추우니까 덮을 옷이 있으면 좋아요.

17　잠을 푹 자면 좋겠어요

아나이스(여): 제이슨 씨, 무슨 일 있어요. 안색이 안 좋아
　　　　　　보여요.
제 이 슨 (남): 아까 점심 먹은 다음부터 계속 속이 안
　　　　　　좋아요. 소화도 안 되고요.
아나이스(여): 이 차를 마셔 보세요. 소화가 안 될 때 따뜻
　　　　　　한 차를 마시면 소화에 도움이 되거든요.
제 이 슨 (남): 그래요. 약도 좋지만 약을 먹기 전에 차를
　　　　　　마셔 봐야겠네요.
아나이스(여): 네, 먼저 차를 마시고 그래도 소화가 안
　　　　　　되면 그때 약을 드세요.
제 이 슨 (남): 아나이스 씨, 고마워요.

18 이 수업을 신청하는 게 어때요?

이링(여 1): 어떤 수업을 신청하면 좋을까요?

왕흔(여 2): 이링 씨는 손으로 만드는 것을 좋아하니까 천연 비누 만들기 수업을 신청하는 게 어때요?

이링(여 1): 저도 그 수업이 재미있어 보였어요. 만들기가 어렵지는 않겠죠?

왕흔(여 2): 걱정하지 마세요. 선생님이 친절하게 잘 가르쳐 주실 거예요. 선착순 모집이니까 지금 바로 신청하세요.

이링(여 1): 그럼 집에 가서 인터넷으로 빨리 신청해야겠어요.

기획 · 연구

　박정아　국립국어원 학예연구관　　　　　　　　이슬비　국립국어원 학예연구사
　정혜선　국립국어원 학예연구사　　　　　　　　박지수　국립국어원 연구원

집필진

　책임 집필

　　이미혜　이화여자대학교 교육대학원 교수

　공동 집필

　　이영숙　한양대학교 국제교육원 교수　　　　　조항록　상명대학교 한국학과 교수
　　안경화　서울대학교 언어교육원 대우교수　　　배재원　이화여자대학교 언어교육원 특임교수
　　김현정　서강대학교 국제한국학선도센터 책임연구원　정미지　아주대학교 다산학부대학 특임교수
　　이윤진　안양대학교 교육대학원 교수　　　　　오지혜　세명대학교 미디어문화학부 교수
　　유해준　상지대학교 한국어문학과 교수　　　　박수연　조선대학교 언어교육원 교육부장
　　강유선　숙명여자대학교 아시아여성연구원 연구원　이미선　서정대학교 사회통합프로그램 강사
　　이명순　대전대학교 사회통합프로그램 강사

연구 보조원

　　김민정　이화여자대학교 국제대학원 강사　　　오민수　건국대학교 언어교육원 강사
　　위햇님　서울대학교 언어교육원 강사　　　　　이승민　(재)한국이민재단 강사
　　남미정　상명대학교 국제언어문화교육원 강사　　곽은선　고려대학교 한국어센터 강사
　　권수진　한양대학교 국제교육원 강사　　　　　강수진　상명대학교 국제언어문화교육원 강사
　　진보영　안산시외국인주민지원본부 사회통합프로그램 강사

법무부 사회통합프로그램(KIIP)

한국어와 한국문화 초급 2 (익힘책)

1판 1쇄 발행　2020년 12월 10일
1판 6쇄 발행　2024년　7월 25일

기획 · 연구　　국립국어원
관계 기관 협조　법무부 출입국 · 외국인정책본부 이민통합과
지은이　　　　이미혜 외

펴낸이　　　　박영호
기획팀　　　　송인성, 김선명
편집팀　　　　박우진, 김영주, 김정아, 최미라, 전혜련, 박미나
관리팀　　　　임선희, 정철호, 김성언, 권주련
펴낸곳　　　　(주)도서출판 하우

주소　　　　　서울시 중랑구 망우로68길 48
전화　　　　　(02)922-7090
팩스　　　　　(02)922-7092
홈페이지　　　http://www.hawoo.co.kr
e-mail　　　　hawoo@hawoo.co.kr
등록번호　　　제2016-000017호

값 10,000원
ISBN 979-11-90154-87-1 14710
ISBN 979-11-90154-80-2 14710 (set)